依码为梦

中国互联网从业者生产实践调查

夏冰青 / 著

上海社会科学院出版社
SHANGHAI ACADEMY OF SOCIAL SCIENCES PRESS

荐　序

很高兴看到年轻同事夏冰青的《依码为梦：中国互联网从业者生产实践调查》即将出版。这本著作是冰青十多年田野工作的结晶。作为八零后的年轻学人，冰青回顾了自己成长的经验与中国互联网发展的关联，在这个意义上，她自己也是田野。从自己出发，从硕士论文到博士论文，从澳门、伦敦、北京、杭州、深圳、上海、贵州……这个地域的名单还在不断延续，从北上广的中央商务区到贵州的大山深处，她一直在中国互联网从业者的"田野"里摸打滚爬，也一直是我们传播学院最忙的人。一到假期，她就天南地北地跑，像候鸟一样去追逐她的研究对象。她的口头禅是"得趁着年轻跑得动"。从海外的课堂到中国的田野、中国的课堂，她以奔跑的姿态去追逐自己的思考和理想——思考是方法，理想是动力，也诠释了一位年轻中国传播学人的国际视野、成长轨迹与当代中国社会发展的关系。

本书稿的田野时间主要集中在2009到2015年，是冰青从澳门大学作为硕士研究生到英国利兹大学攻读博士学位期间中国互联网企业中的田野故事，也是冰青自己的青春成长史。以滚雪球的方式，她先后在 2009 年、2010 年、2011 年、2015 年多次在两家大型互联网公司采用参与式观察法和深度访谈法进行调查，甚至想办法以实习生的方式进入一家互联网“大厂”“打”了四个月的工。在互联网企业实习期间，每天下班后晚上整理田野笔记，每两三周把笔记的关键内容翻译成英文，通过电子邮件发给自己的两位博士生导师，后者认真批注，解答问题，帮助调整方向。冰青前后积累的田野调查笔记近百万字。这是中国移动互联网、社交媒体大爆发的关键期，也是世界互联网走向急速大规模市场垄断和金融化的前夜。她聚焦的是这个时期的几乎与她一样年轻的中国互联网从业者。这些从业者五年左右基本上就是互联网产业的一个代际。他们的故事承前启后，冰青的观察对象正是今天我们称之为“数字经济”不可忽略的“前世”。新千年的第一个五年是中国互联网从业者的黄金时期，依“码”为梦的时代，那时他们还没有被普遍叫做“码农”，或数字劳工，当这个名称开始成为热门的研究领域，时代已经进入新的一页。

冰青希望建立一个互联网从业者的内部动态视角，以勾勒中国互联网发展的路线图。在这一点上，她承接了自己的博士生导师赫思蒙德夫的观点，即从业者对生产实践的主观经验是解读创意产业复杂性的重要视角，也因此接续了导师执意把“创意劳工”从“知识劳工”中单列出来讨论的做法，因为这样才能够“回归到文化产业的特性与本质来凸显其独特生产实践经验”。其实，广义和狭义的文化生产者范畴的划分，对应的是不同的问题意识。广义的文化生产者强调把文化生产的全链条从业者纳入研究视野——这是传播政治经济学强调“整体”性视野的体现，也是对产业链条中“弱势者”平等意义的追究，比如出版行业需要关注图书管理员与印刷工人等，数字经济需要关注外卖小哥和数据标注工等——顺便说一句，当下冰青正在进行的田野就是关于数据标注工的研究，期待她的第二部相关著作早日瓜熟蒂落。强调广义文化生产者的另一个意义在于，它暴露出今天热议的“非物质劳动”背后与“物质性劳动”的深刻联系，这一点是今天讨论数字劳动中不可被忽略的关键。但是，这并不意味着否定狭义的文化生产者研究的意义，相反，强调每一个生产者群体的特殊性才能描绘出整个生产链条之间的关联。事实上，特殊性是普遍性的前提，大处着眼才能小处着手，彼此本来就是辩证的关系。

依靠研究者自己的田野与在场，对从业者主观经验进行搜集、整理与分析，这样的“质化研究”是一种无法讨巧的笨功夫，也是需要全身心投入的沉浸式研究。冰青反复研读自己海量的田野笔记，阅读的过程是不断归纳、总结和思考的过程，更是一种需要不断回归自我的反身思考状态：田野就是自我和他者的伦理关系。在这个过程中，冰青就学术伦理问题的讨论，是今天中国新传学界不被重视的一环，也是需要获得高光关注的问题。尤其是冰青遭遇的互联网大厂对学术视角的警惕和排斥——这本身就是一个值得重视的学术问题。处理学术研究的伦理关系，既是挑战，也是今天中国学术话语生产的一个命门。今天的中国社会发展是一个急速变动的大田野，我们每一个人都置身其中，自我与社会、学术以及政治的关系，其实是日常教学和科研实践必须回应的问题。冰青曾经把自己在田野中“隐蔽式研究”的伦理困境提交到国际会议讨论，与会者认为与“本土化”的问题及其情境有关。然而，“本土化”挑战正是横亘在中国学人面前的“命运”。这或许也是为什么书稿最后结束于冰青对自己课堂的反思。社交媒体时代，传播学院的在校学生越来越多地卷入互联网的内容生产，如何帮助学生获得反身思考的起点和框架，是批判传播学面对的任务。

在本书中，冰青跟踪的“那些大厂那些人”，是一群平均年龄不超过 35 岁，以一线城市“985”“211”大学毕业生为主体的从业者群体，是这个时代的风向标，是新世代的“白领”阶层，也是判断互联网行业发展的等高线。他们与 2009 年出版的《蚁族：大学毕业生聚居村实录》所揭示的“蚁族”群体正好处于社会的两端，却互相映照，展示出共同存在的共同社会基石。冰青参考并修订了导师赫思蒙德夫关于“创意工作”研究的理论框架，用“薪酬”“工作强度”“自主性”“保障性”“自我实现”“产品的社会和文化价值”和“社会关系”作为描述互联网产业从业者的七个维度。随着从业者寻求“创意自主性”的追求与这个行业的商品化和金融化之间张力的展开，“工作”和“休闲”的边界成为一个问题。产业的发展是内部因素动态形塑的过程，产业的变革反过来又建构从业者的生产实践，冰青试图把这个互动的过程落到从业者个体故事的微观视角，自下而上地回应中国互联网产业发展的宏观图景。在这个意义上，今天被热烈讨论的“非物质劳动”的概念并不能真正有效揭示出这些从业者经历的故事，重要的不是给出一个（歧义丛生）的标签，而是把它放在具体的政治、经济与文化的动态过程中去分析。

冰青的研究中有很多有意思的发现。她既体会到这个群体“蓬勃昂扬”的斗志：不知疲倦的奋斗感和兴奋感。那是梦想的力量，没有这种精神，中国的互联网产业的急剧发展是不可想象的——它链接着“自我实现”的社会与文化的价值意义。对互助、欢悦感和成就感的分享，是自愿免费加班的重要动力，这种精神通过“加班文化”导引到公司的“利益”链中——它是当下关于“996”争议的前世，它的今生则是“蚂蚁金服”所代表的“财富自由”欢呼最终变成一地鸡毛。关于“996”问题的讨论，批判传播学倾向于揭示背后的剥削机制，这当然是必要和重要的，也是无可争议的。但更重要的问题却是：为什么种下的是龙种，收获的是跳蚤？梦想为什么会破碎？冰青描述了这个群体关于员工持股的“迷思”，不可实现的一夕之间“财富自由”，内部深刻的等级歧视链，他们的创意自主性又如何一步步被侵蚀，以及在这个群体之外大量底层的实习生、外包人群和外部培训班所构成的复杂的组织生态——他们构成了这个行业庞大从业者的复杂图谱。

最有意味的或许是冰青对互联网企业从垄断走向金融化之内部逻辑的揭示。2009 年到 2015 年间，互联网“大厂”通过垄断限制新兴企业进入市场。垄断的诉求促使“大厂”不断以投资与收购的方式进行扩张，而不是创新性生产。它们不断蚕食新兴内容领域，在市场中建立屏障，挤压创新型企业的生存空间，并将失败的风险转嫁给这些新兴企业。这种金融化过程导致“大厂”的创新力和生产力倒退，也促使第一批创业者从具有“道德意义”上的生产实践中退出，将注意力转移到融资变现，成为“等待的资本家”。由此，滋养互联网发展的“理想主义”之梦也就走到了尽头。

对于新千年第一批互联网的从业者来说，“拿股权，等上市，实现财务自由，离开互联网”成为新选择。至此之后，中国互联网的故事就需要新的演绎方式了。当我们目睹了中国互联网行业像鲨鱼一样不断地把梦想、理想、道德、信念、热情、认同、自由、平等非经济的人类生存条件都狂吞下去，并转换成自身盈利的模式，它就逼近了自身资本化的极限。这个极限已经在地平线上出现，新的故事正在开启。

是的，中国的互联网发展最不缺的就是故事。今天，它已经是不落幕的连续剧，一个故事的结束，就是另一个故事的起点。田野决定视野，期待我们的讲述人，不断把新的辽阔田野带到我们面前。

是为序。

吕新雨

2021 年 9 月 6 日于上海

目　录

导　论

2019年3月到4月间，一场由互联网工程师组织的名为“996.ICU”的活动将互联网产业的加班文化带入公众视野。彼时，阿里巴巴的掌舵人马云更是在公开场合赞扬996加班文化，称“能做996是一种巨大的福气，很多公司、很多人想996都没有机会”①。2020年7月，蚂蚁科技集团股份有限公司宣布，启动在上海证券交易所科创板和香港联合交易所有限公司主板寻求同步发行上市的计划。一时间，一大批蚂蚁集团的持股员工将迎来财富自由的言论甚嚣尘上。中国互联网人的高薪、高酬也成为坊间热话。此类种种媒体舆论让我不禁回顾在2009—2015年间对互联网产业进行的观察与研究。我发现很多今时今日的产业发展都能从过往的历史片段中找寻到蛛丝马迹与前因后果。这也促使我重温在那段时间完成的近百万字的田野资料，以及在此基

① 杨鑫倢：《马云谈996：能够996是修来的福报，很多人想做没机会》，2019年4月12日，https://www.thepaper.cn/newsDetail_forward_3291793。

础上完成的硕士与博士论文。这些一手数据资料与论文正是本书成型的基石。本书希望通过对互联网产业发展的历史片段进行反思性解读，为当下理解这个产业的极速膨胀带来一些可供思考的视角。

中国互联网产业发展简介

2019 年，中国接入互联网 25 周年之际，第六届世界互联网大会指出中美两国在全球互联网初创产业中占据主导地位。CB Insights 公布的 2019 年全球独角兽企业名单中，中国的互联网独角兽企业数量 92 家，排名第二。① 同年，快报数据显示，中国互联网业务收入达 12 061 亿元，同比增长 21.4%。其中，信息服务业务收入达 7 879 亿元，游戏类应用规模保持领先。② 2020 年 4 月，中国互联网络信息中心(CNNIC)发布第 45 次《中国互联网络发展状况统计报告》。报告显示，截至 2020 年 3 月，中国网民规模为 9.04 亿，互联网普及率达 64.5%。③ 报告还指出，数字经济在疫情后的保障消费和就业、推动复工复产等方面发挥了重要作用。其中，在线教育、在线政务、网络支付、网络视频、网络购物、

① 《中国互联网市场规模已超 11 万亿，互联网红利还有多久?》，中国新闻网，2019 年 10 月 30 日，https://www.chinanews.com/cj/2019/10-30/8993160.shtml。

② 前瞻产业研究院：《2019 年中国互联网和相关服务业市场分析：市场规模破万亿，游戏类应用规模保持领先》，2020 年 4 月 17 日，https://bg.qianzhan.com/trends/detail/506/200417-dca130b3.html。

③ 《中国互联网络发展状况统计报告：网民规模突破 9 亿》，新华网，2020 年 4 月 28 日，http://www.xinhuanet.com/2020-04/28/c_1125915967.htm。

即时通信、网络音乐、搜索引擎等业务的增速均在10%以上。[①]这些数据无不显示，互联网产业在短短不到三十年间，已经在经济意义上成为中国重要产业之一。分析这个庞大经济体的发展历史与动态结构随之成为一个重要课题。

严格来说，互联网产业可以被分为四个细分产业：硬件产业，以苹果和华为这类硬件生产商为代表；软件产业，以微软这类电脑软件生产商为代表；服务产业，以谷歌和百度这类互联网服务供应商为代表；以及内容产业，以新浪微博和抖音等内容供应商为代表。由于各类龙头企业在产业发展过程中的扩张，事实上，这四类产业已经交错重叠。时至今日，已经很难单一地定义阿里巴巴究竟是一家互联网内容还是服务供应商，也很难将华为严格地定义为互联网硬件生产商。因此，本书所关注的互联网产业及其历史发展的主体往往是以内容生产产业为主，同时涉及其他三类产业。

大多数互联网产业报告将中国互联网自1994年首次完成全功能接入国际互联网以来的近三十年历史划分为三大阶段：1994—2000年的四大门户网站鼎立与搜索引擎发力阶段；2001—2009年的搜索引擎主导与社交网站爆发阶段；2010—2020年的移动互联网与自媒体爆发阶段。与世界互联网产业发展颇为接轨的是，2000年，中国四大门户网站中的三大网站：网易、搜狐、新浪纷纷在纳斯达克上市。彼时，中国互联网用户仅为

① 《中国互联网络发展状况统计报告：网民规模突破9亿》，新华网，2020年4月28日，http://www.xinhuanet.com/2020-04/28/c_1125915967.htm。

890 万，正在念初中的我正沉浸于舶来货《哈利·波特》虚构的魔法世界中，对这个风起云涌的虚拟世界一无所知。当时的我对于互联网的概念，无非是困惑于为什么要学习打字和“复制粘贴文件夹”这种奇怪的功课。

2004 年是中国互联网公司集中上市的一年，其中不乏后来的细分市场巨头，诸如腾讯、携程、51job、盛大等，也不乏一些后继无力者，如空中网、掌上灵通网、金融界、E 龙等。新浪、搜狐和网易也在经历了全球互联网泡沫破灭之后，首次迎来了全年度盈利。这个阶段的中国互联网用户已达到 7 950 万。进入大学的我日常忙于更新 MSN 旗下的 MySpace；同时，挂上 QQ 聊天也成为当时大学社交的主要活动。

2005 年，豆瓣网和土豆网成立，百度上市。2006 年，优酷网成立，Google 并购 YouTube，网络文学兴起。2007 年，京东开始线上业务，阿里巴巴 B2B 业务在香港上市。2008 年，中国互联网十周年，以“朋友买卖”“偷菜”“争车位”等游戏占领熟人社交网络的开心网成立。这一年，Web 互联网逐渐出现饱和，智能手机初现端倪。App Store 开始成为新的流量阵地，华强北的山寨手机市场开始蓬勃发展。这个阶段的中国互联网用户已接近 3 亿，我这一代人的大学娱乐生活被下载免费的欧美日韩影视剧、玩网络游戏、读免费的网络小说、习惯电商购物和沉浸于熟人网络社交所丰富，大学毕业后的工作选择名单里也开始出现百度、淘宝、校内网的名字。

2009 年，近 7 000 万注册用户的校内网正式更名为人人网。昙花一现的饭否网被关停。新浪微博悄然上线，以惊人的速度吸引了全网的注意力。这一年，尽管腾讯公司的市值突破 300 亿美元，成为全球第三大市值的互联网公司，但是它的垄断地位开始受到以奇虎 360 为首的各家互联网公司的挑战。2010 年，两家公司以“网民隐私安全”为名，发动了著名的 3Q 大战，最终在工信部和网信办的调停下才得以收尾。同年，陆续创办过校内网和饭否网的王兴创建了美团网，并在整个产业内兴起了团购大战。时至今日在产业内引起极大争议的乐视网在深圳证券交易所上市，优酷网和当当网也在纽约证券交易所上市。淘宝的“双十一”开始迎来爆发式增长。这个阶段的中国互联网用户达到 4.57 亿，其中手机网络用户达 3.03 亿。正在澳门大学攻读硕士学位的我开始接触“非物质劳动”概念，并将田野点定在了北京，开始往返于北京与澳门，近距离地接触这个瞬息万变的产业。

2011 年，今天几乎全国网民手机上都安装的微信开始上线。阿里的支付宝也开始推出手机支付产品——条码支付。在 iPhone 逐渐占据智能手机市场的同时，小米初现端倪。网络文学、视频和音乐等互联网内容产业开始出现版权之争。2012 年，华为、锤子正式宣布进入智能手机领域。微信在用户突破 1 亿以后上线朋友圈功能，自媒体开始冲击传统纸媒行业。支付宝获得基金第三方支付牌照，余额宝服务正式上线。同年，奇虎 360 与百度爆发了搜索引擎之争，最终在中国互联网协会的调停之下，签订了《互联网搜索引擎服务自律公约》，促进了行业规范。这时的中国互联网用户规模达到 5.64 亿，手机网络用户规模为 4.2 亿。作为一名普通用户，由于身处海外，我的日常社交未能通过微信朋友圈和新浪微博来建立，也未能习惯用支付宝来实现日常消费，甚至一度还将手机换成黑莓，以试图抵抗 iPhone 对日常生活的主导（时至今日回想起来，这种个体的商业化抵抗不免略显稚嫩）。但是作为一个刚刚踏入学术圈的雏鸟，我开始将硕士时期的研究拓展成博士论文，将田野点扩展到上海，2011 年大部分时间都往返于利兹、北京、上海三地进行田野调查。

2013 年，互联网产业出现并购热，阿里巴巴以 5.86 亿美元入股新浪微博，并先后投资收购了陌陌、高德地图、虾米音乐等互联网产品；百度以 3.7 亿美元收购 PPS 视频业务，并以 18.5 亿美元收购 91 无线；腾讯以 4.48 亿美元注资搜狗，微信宣布其海内外用户超过 6 亿。今日的 BAT 并购热潮初现端倪。这一年，国内的网络零售交易额达到 1.85 万亿元，中国超过美国，成为全球第一大网络零售市场。互联网金融产品逐渐兴起，传统金融业受到冲击。工信部向三大运营商正式发放 4G 牌照，中国移动互联网正式步入 4G 时代。2014 年，阿里巴巴在纽约证券交易所上市，成为世界第二大互联网公司。新浪微博、聚美优品、京东等企业也先后赴美上市，时隔十年之后再次掀起中国互联网企业海外上市热潮。首届世界互联网大会在浙江乌镇举行。阿里巴巴旗下的蚂蚁金服推出“花呗”，腾讯参股的微众银行完成第一笔放贷业务，正式升级互联网信贷产品。这个时期的手机互联网用户已达 5.27 亿，首次超越传统网民规模。海外的数字经济研究深入劳动领域，我也跟随这波浪潮顺利完成博士学业，奔赴澳门任教，期望能更近距离、更宏观地观察这只产业巨兽的动向。

2015 年，在中央的大众创业万众创新的政策推动下，互联网金融掀起热潮，微信支付与支付宝支付开始大战，P2P（peer to peer lending)、消费贷等金融热潮纷纷涌现。网络文学小说纷纷被改编为影视作品，并赢得了火爆的收视率。“互联网＋”行动计划推动了产业融合，让O2O(online to offline)产品得到大力发展，并掀起了组团热，BAT则成为这些O2O组团背后的主导者：腾讯与阿里主导了滴滴与快的的合并以及美团和大众点评的合并；腾讯主导了赶集网与58同城的合并；百度主导了携程、艺龙与去哪儿的合并；阿里全资收购优酷土豆；腾讯文学与盛大文学合并成立“阅文集团”。2016年，逻辑思维投资papi酱，将网红经济推向高潮。以游戏直播为代表的直播经济和以共享单车为代表的共享经济成为新的投资风口，直播打赏热推动了知识付费经济的发展。字节跳动推出抖音，短视频也成了新的投资风口。P2P跑路潮涌现，银监会、工信部、公安部和国家互联网信息办公室联合发布《网络借贷信息中介机构业务活动管理暂行办法》，标志着网贷行业正式进入监管时代。这个时期的中国互联网用户规模突破7亿大关，网民日均上网时间为3.8小时。我的田野点终于顺利加入阿里巴巴的大本营所在地杭州，开始关注产业内的垄断化与金融化发展。

2017年，移动支付进入97.4％网民的生活。以区块链技术为依托的比特币成为互联网金融领域的新热点。科技部宣布百度、阿里巴巴、腾讯、科大讯飞等公司为首批国家新一代人工智能开放创新平台，BAT的产业版图扩张到人工智能领域。互联网产业出现“出海热”，如滴滴在东南亚与南美的业务拓展。2018年，Bilibili网站、爱奇艺、拼多多分别在纳斯达克证券交易市场上市，小米和美团在香港证券交易所上市。阿里收购饿了么，美团收购摩拜，腾讯注资的快手收购 Acfun。字节跳动估值达 750 亿美元，成为全球最大独角兽企业。这个阶段的中国互联网用户规模达 8.29 亿，手机网民规模达 8.17 亿。作为一名缺席中国互联网产品快速发展近十年的普通用户，我刚刚回到上海，并不熟练地操作着共享单车，为不用带钱包出门而兴奋雀跃。我的研究也随着互联网深入人工智能领域而逐渐转向人工智能产业。

2019 年，工信部向中国电信、中国移动、中国联通和中国广电发放 5G 商用牌照，中国正式进入 5G 商用元年。美国商务部将华为及其 68 家子公司列入实体清单，要求其获得许可证才可以购买美国技术，华为发布自主研发系统鸿蒙。直播带货成为电商发展新趋势。区块链技术成为互联网金融的热点话题。2020 年已过半，受疫情影响，在线教育和直播带货成为数字经济发展新热点。继华为之后，字节跳动成为美国的眼中钉，继抖音(海外名称为 Tiktok)流失印度市场以后，其在美国市场的命运也岌岌可危。这一年，中国互联网用户规模已突破 9 亿大关。我也在十年之后开始回顾和反思对这个产业发展的观察，希望为未来的研究带来新的视角。

事实上，在互联网产业发展近 30 年，网民人数直逼 10 亿大关的今天，此类产业大事件的回顾在各家产业报告中比比皆是。我在 2009—2015 年间对于产业的观察则更倾向于对其内部动态结构的分析，诸如几大巨头公司的内部动态、管理层人员与普通工程师在巨变中的群体性动态等。这类更为微观的观察与分析在一定程度上为我们理解宏观产业巨变背后的动力提供了关键信息，也在一定程度上为我们预测产业未来动向提供了线索。

互联网产业算是文化产业吗？

我的博士生导师大卫·赫斯蒙德夫（David Hesmondhalgh）教授曾出版过《文化产业》一书，至今已是第四次再版，每一版都被翻译成中文广为流传。他在书中将文化产业定义为：与社会意义的生产与流通（the production and circulation of meaning）最直接相关的机构（主要指营利性公司，但也包括国家组织和非营利组织）。活跃于英国马克思主义研究领域的克里斯蒂安·福克斯（Christian Fuchs）教授（2014）在分析赫斯蒙德夫与文森·莫斯科（Vincent Mosco）关于文化劳工与知识劳工概念之争时曾断言，赫斯蒙德夫对于文化产业的定义过于强调文化内容的生产过程，而将集中于技术生产的互联网产业排除在外。针对这个疑惑，赫斯蒙德夫在第三版的《文化产业》一书中特意开辟一小节来讨论“互联网是否属于文化产业”。他认同伊莱·诺姆（Noam，2009：274 –289）将信息产业领域视作是传媒产业、信息技术产业、电信产业和互联网产业的综合体的观点，但是他同时指出，IT 和互联网巨头只是与文化产业相关的边界产业，而非他在此书中关注的文化产业核心。以谷歌为例，赫斯蒙德夫认为谷歌虽然引导我们获取大量文化产品，诸如谷歌图书帮助我们获取大量难以找到的文化内容，搜索引擎帮助我们理解当代广告生产逻辑，但是，谷歌的核心业务并非生产内容或文本，因此它并不能算是《文化产业》

一书关注的核心产业。赫斯蒙德夫在书中关注的文化产业主要是指依赖符号创作者的文本的产业化生产与流通。

时至今日，如本书上一章所呈现，互联网内容与服务生产环节已经与硬件和软件生产环节紧密相连，甚至相互重叠。随着互联网巨头通过资本投资与收购的方式纷纷介入四大细分产业，今时今日已很难断言大型互联网公司究竟是否只单纯地属于文化边界产业。以谷歌为例，其近些年的收购版图中不乏 YouTube、Spider.io、Songza 等视频、广告、音乐内容生产和服务商。换言之，互联网产业即便不是《文化产业》一书关注的核心文化产业，其今日的发展状态已是大范围地触及了核心文化产业。由此，将互联网产业视作一个整体，放到文化产业语境中去探讨其发展动态，具有必要性与重要性。退一步说，即便互联网产业是否属于文化产业仍存有争议，但将它放置于相似度极高的文化产业框架内进行理论解读，也有其必要性及可操作性。

赫斯蒙德夫在书中明确提出，关于文化产业的研究取向大体可以分为文化经济学、传播学、政治经济学、文化社会学和组织管理学、激进的媒介社会学几大类。作为经济学的边缘学科，文化经济学关注文化和艺术。深受新自由主义影响，文化经济学专注于分析媒介和文化生产的独特本质，并推崇自由市场，但未能认识到基本经济学概念的局限性。以自由而多元的政治学为基础的主流传播学研究渐渐倾向于关注与文化生产有关的权力和社会公平性问题，尤以关注文化产业如何影响民主进程和公共生活为甚。政治经济学研究往往将关注重点放在道德规范问题上，研究媒体的整体性和历史性。除了关注公平、正义和公众利益等基本道德问题以外，政治经济学还关注私人企业与公共干预之间的平衡。文化社会学和组织管理研究更关注文化产业组织内部的劳动分工和生产协作，即讨论文化生产与消费是如何受益于经济、政治和文化环境，这类研究多忽视文化产业涉及的权力和支配问题，将文化产业视作单独的个体进行研究。与关注宏观权力问题的政治经济学有所区别的是，激进的媒介社会学更关注微观层面的权力问题，诸如皮埃尔·布尔迪厄(Pierre Bourdieu)对于文化生产中的创意与商业之间的复杂关系的阐释，正是这种对微观层面的权力问题的典型探讨。

赫斯蒙德夫在选择他的研究理论取向时，基本上是去芜存菁，博采众长。他的论述集中于融合各个研究取向，尤以政治经济学和文化研究(我会在第一篇的分析框架中重点论述这个研究取向)为主。基于关注文化产业中文化与权力之间的张力、变迁与延续之间的联系，赫斯蒙德夫将他的研究取向概括为融合了政治经济学、文化研究和媒介研究的主要特性。正是延续他的这个研究框架，本书同样基于政治经济学的宏观视角，对中国互联网产业的整体架构进行分析，尤其关注其在2009—2015年间的历史性变迁。本书关注互联网产业与社会文化、政策、经济等因素之间的动态权力关系，也关注互联网产业历史性发展过程中与社会公共利益之间的动态关系。同时，本书还结合激进的媒介社会学与文化研究对于微观层面的权力探讨，关注互联网企业内部的结构动态。本书试图通过结合宏观和微观层面的研究取向，截取中国互联网产业发展的特定历史阶段，详细阐述产业的变迁发展及其背后的动力因素。

本书论述纲要

本书主要分为七章。第一章向读者解释本书主要的理论框架。在阐释政治经济学和文化研究两大研究路径主要争议点的基础上，该章详细诠释了如何结合两大研究路径去关注本书的主要研究对象——中国互联网从业者群体的生产实践。我从近些年关于专业生产者的概念之争入手，对适用于探讨互联网从业者生产实践的相关概念进行了辨识，其中包括：赫斯蒙德夫和莫斯克对文化/媒介产业中的专业从业者群体的理论研究，专业生产者与消费者之间的概念之争，非物质劳动与情感劳动的概念衍生，以及赫斯蒙德夫建构的衡量文化创意工作质量的模型。在这些理论梳理下，我明确了互联网从业者群体的生产实践包括“薪酬”“工作强度”“自主性”“保障性”“自我实现”“产品的社会和文化价值”和“社会关系”这七个维度。我在1.3节中重点探讨了创意与商品化之间的张力。该节从布尔迪厄对于创意和商业之间的紧张关系的讨论入手，引入雷蒙德·威廉姆斯对文化生产的历史发展分析，在班克斯和赫斯蒙德夫对组织机构建构并规范文化创意自主性的讨论中，提出互联网从业者的创意自主性应通过其在公司以及更广泛的社会中的动态架构来探讨。1.4节则解释了数据分析章节关注的另一重要理论概念：商品化与金融化问题。该节从传播政治经济学传统意义上对于商品化的讨论入手，引入哈维的掠夺性积累概念在高科技研究领域的分析，讨论了资本垄断与金融化问题在互联网产业中的蔓延。总体而言，该章理论章节主要介绍了本书的理论框架由何而来，以及主要的理论对话对象。

第二章主要介绍了本书搜集与分析数据的方法。2.1 节向读者介绍了我关注互联网产业，尤其是互联网从业者的缘由。同时，我主要向读者展示了滚雪球方式在中国互联网这个特殊语境中的实现过程。这些细节性的描述一方面为我后期分析数据时提取的观点展示了其合理来源，另一方面向读者展示了研究互联网产业的必要性与特殊性。这节也向读者交代了三段时期的田野调查之间的不同与关联，并从另一角度呈现了本书得以成书的逻辑架构。2.2 节主要论述了我的数据搜集方法：深度访谈法和参与式观察法。除了解释这两种数据搜集方法的具体操作过程以外，我重点讨论了参与式观察法中采取的“隐蔽式”方法的必要性。在分析数据环节，我重点解释了为何舍弃相关分析软件而进行人工数据分析的原因。2.3 节主要解释了数据搜集与分析过程中遇到的研究伦理道德问题。我在该节中重点分析了“隐蔽式研究”为我带来的困惑，以及我如何在学术共同体中寻求到“平衡之道”的过程，希望能为采取同类研究方法的读者提供一些参考与反思的可能性。该节自然也对质化研究最常触及的参与者与研究者保护问题进行了深入探讨。正如我在第二章中强调的一样，我希望通过对这个研究过程尽可能详细的描述与反思，一方面为我自己未来的研究提供新的视角，另一方面也希望为之后有志于从事此类研究的读者带来一定启发。

第三章展开讨论了理论框架的第一和第二个维度——工作的强度与薪酬。3.1 节详细介绍了互联网公司建构“职业道德”——加班文化的过程。通过对访谈数据和田野笔记数据的分析，我对加班的形式进行了分类，并将这种“多样化加班文化”与解读产业的飞速发展结合在一起。3.2 节讨论了工资与报酬。我对互联网工作的工资构成进行了具体分析，并指出其“游戏化”的本质。同时，我还运用田野笔记数据，对工资中体现的从业者与公司之间的权力角逐与妥协过程进行了描绘，试图更为全面地展示互联网报酬的建构过程以及其中的权力关系。3.3 节主要是从福利角度对互联网产业中存在的管理层与普通从业者之间的权力关系进行了解读。3.4 节分析了互联网产业最为“知名”又最不为外人所知的“员工持股”现象。正如该节小标题所示，该节的重点在于对“持股”背后的权力关系进行反思，试图破除其背后构建的迷思。3.5 节是对前四节中提出的不合理因素进行动力机制的探讨。通过对加班背后的动力机制的分析，该节提出，看似不合理的互联网工作背后还有非经济因素的动能，诸如社会关系、性别和社交网络等。

第四章承接第三章的数据分析，首先对互联网从业者社会关系中的第一层——互联网专业生产者和互联网用户之间的生产实践关系进行了讨论。4.1 节不仅回应了粉丝文化和粉丝经济研究所强调的生产者角色的转化与更新的言论，也提出，此类产业内部权力结构的动态转变在一定程度上需要将专业从业者研究与粉丝研究相结合。4.2 节对社会关系中的第二层——互联网产业中看似平等的“无领”环境进行了驳斥，提出这种“扁平化管理”的背后充斥着根据非正式/正式员工、职务、技术、性别等因素划分的三六九等关系，以及由这种关系带来的协商过程。4.3 节重点关注从业者社会关系的第三层——公司内部不同部门之间的不平等地位以及它的建构过程。该节通过对部门之间权力角逐的描绘,探讨这些中观因素对于从业者群体的生产实践产生的影响。4.4 节从互联网产业普遍的跳槽现象入手,揭示这种现象盛行背后的原因以及其中的博弈过程。4.5 节对互联网产业中的女性从业者和互联网培训机构中的"预备军"进行了描绘,从而对生产实践的社会关系多元性进行进一步阐释。

第五章主要从自主性的维度进行讨论。该章的讨论在延续法兰克福学派对于创意自主性讨论的基础上,对职业实践以及社会组织中的自由进行延展性讨论。5.1 节和 5.2 节分别对工作场所和创意两个领域的自主权进行分析探讨。通过和文化产业的"自我剥削"研究的对话,这两节对互联网从业者的自主性进行描绘,提出这类自主性都是在既有权力框架中得以实现,其区别仅在于实现程度的不同。5.3 节在前两节的基础上,对于自主权的另一种实现方式——创业现象进行讨论。我在这节中试图向读者展示创业动力机制的多元性,提出应重点关注互联网创业中的道德意义生产实践,并将它与"互联网理想"进行勾连。

第六章延续"互联网理想"的讨论,从自我实现、产品的社会和文化价值维度入手,对从业者的生产实践进行讨论。通过与创新和山寨文化研究的对话,6.1 节展示了互联网产业中的另类生产实践。6.2 节从更为宏观的垄断和金融化视角入手,展示大型互联网公司加入新产品赛道的方式。通过这些现象的描绘,我试图展现互联网产业在当时所隐藏的危机,以及产业中逐渐构建的屏障对于产业创新造成的空间压缩。6.3 节延续上两节的讨论,记录了“互联网理想”在创新空间被挤压过程中的消逝。同时，我也提出，“互联网理想”本身并未消失——相反，它在中国广袤的生态圈中会继续寻找到合适的土壤再次繁衍。

第七章通过反思我在研究过程中的感悟，回答了为何要批判性地讨论互联网产业这个问题。通过简略地介绍我和我的搭档丹尼尔·穆提布瓦博士在深圳创客群体中的田野调查研究，我希望向读者传递一个讯息：“互联网理想”并不会消逝，它会持续在另一领域不断地拓展与实现。

第一章

和谁对话？理论框架从何而来？

如导论所述，关于文化产业的理论研究取向众多，作为文化产业的一部分，互联网产业的理论研究自然需要明确其采用的理论分析框架。在本章中，我将在简要阐述政治经济学和文化研究之间长久以来争论的基础上，进一步明确本书将要采用的理论框架。

1.1 政治经济学还是文化研究？

莫斯克（Vincent Mosco，1996）曾指出，政治经济学是研究社会生活中的控制与生存（control and survival）的学科。前者强调的是社会组织的政治性动态关系，后者强调的是生产过程中的经济性因素。为了区分于保守的古典经济学，政治经济学通常被称为批判政治经济学。在媒介研究领域，批判政治经济学强调对媒介、文化公司和政府中的同盟的批判性。批判政治经济学在很大程度上填补了新古典经济学中缺失的道德视角。戈尔丁和莫多克（Peter Golding & Graham Murdock，2005：58－66）指出，在运用于媒介研究时批判政治经济学主要从经济角度和组织角度探讨文化生产。它关注的是文化生产对公共领域和受众产生的可追溯的后果，比如公共领域的话语、代表性和沟通资源等。相较于主流经济学，批判政治经济学对媒介的研究具有整体性和历史性。它认为经济是与社会生活、文化、政治相互嵌入的动态关系。它关注社会结构与权力动态，关注结构不对称如何长期影响文化意义的生产和消费。批判政治经济学集中于对资本主义企业与公共干预之间的平衡性研究。它超越了单纯的经济与技术效率问题，致力于公正、公平和公共利益等基本道德问题的研究。

与批判政治经济学相同的是，文化研究也同样关注权力的构成和实践，这两者都与自由多元主义的分析传统保持着一定的距离。与批判政治经济学类似，文化研究也关注重要的政治议题，诸如文化的建构者权力，并质疑占据社会主体地位的群体建构社会弱势群体的文化实践。有所区别的是，批判政治经济学更关注塑造日常文化的宏观结构，比如媒体产业的经济组织如何影响文本的生产与流通，以及消费者的消费选择是如何在经济动态中被建构的。文化研究则更主张关注普通日常的文化，诸如日常文本消费中呈现的主体性问题和身份认同问题以及社会生活中的话语权建构问题等。文化研究将批判政治经济学关注的文化产业中的文本究竟为谁服务的问题进一步延展，在探讨经济与政治利益的基础上，更强调认知和认同的政治问题，即文本如何边缘化弱势群体。

正如赫斯蒙德夫在他的书中倡议的一样，批判政治经济学与文化研究并不是二元对立的，媒介研究对它们的运用并非是简单的“选边站”。相反，批判政治经济学和文化研究在对文化产业的分析中各有千秋，例如前者从宏观视角对经济发展和资源再分配的分析，后者从微观视角对文化产品和创意与商业之间的紧张关系的描述，这些都是在探讨文化产业动态变迁过程中理应被采纳的研究视角。因此，如前文所述，本书采用结合批判政治经济学与文化研究的视角，在关注中国互联网宏观经济发展动态的同时，切入产业内部，通过对不同从业者群体的生产实践的描述，从经济、政治、社会、文化等多个角度分析互联网产业在 2009—2015 年间的阶段性发展的动力机制。

1.2　从业者群体的生产实践

不管是批判政治经济学还是文化研究，他们对文化/媒介产业的研究都涉及一个重要领域——从业者群体。尤其随着 21 世纪以来的技术发展，“生产者”和“生产实践”的概念在两大研究取向中被不断拓展与丰富。赫斯蒙德夫和莫斯克都曾对文化/媒介产业中的专业从业者群体进行过理论探讨。莫斯克和麦克切尔（Mosco & McKercher, 2008）以出版业为例，提议关注泛化的文化从业者的生产实践，这类泛化的文化从业者群体不仅包括专业的生产者，如作家，还包括图书馆管理员和印刷工人等。赫斯蒙德夫则延续他对文化产业的研究，提议关注狭义的专业文化从业者的生产实践。他认同莫斯克和麦克切尔的一些观点，诸如因应文化与信息迅速介入引起的生产体验多样性，从而提倡广泛地关注文化从业者的生产实践。但是赫斯蒙德夫认为，这类宽泛的概念可能会消除文化、媒介传播和信息产品内容的特定重要性，即塑造与影响社会的能力。泛化的概念很容易造成一种误解，即电视行业的专业工作者与呼叫中心的客服人员的生产实践体验并无不同。需要注意的是，这种将文化/媒介产业从业者区分于其他类型从业者的意图并不是对他们进行三六九等的划分。反之，狭义的文化/媒介从业者的概念试图通过回归到文化产业的特性与本质来凸显其独特的生产实践过程。

延续赫斯蒙德夫和莫斯克之间的争辩，公共治理学派(governmentality theorists)和女权主义学者麦克罗比(McRobbie，2015)致力于探讨创意产业中的从业者的创意自由是如何被资本利用来实现“自我管理”和“自我压榨”的。以柏林时尚创意产业为例，麦克罗比发现社会型企业正在创建一种“再分配福利”形式的治理方式。正是通过对创意产业内的专业从业者生产实践过程的分析，麦克罗比才得以对产业的发展、存在的问题以及未来趋势做出宏观的判断。安德鲁·罗斯(Andrew Ross)早在2003年就关注互联网产业内的生产实践。他发现，源自自由、合作、民主等精神的互联网通过赋予专业从业者(以软件工程师为例)此类生产实践体验，来实现对这一群体的管理。在2005年的《当产业都外移中国之后》(*Fast Boat to China: Corporate Flight and the Consequences of Free Trade-Lessons from Shanghai*)一书中，他将对高科技从业者的生产实践的关怀移向了新的地域——中国。以中国高科技产业中的专业从业者的生产实践为基础，他进一步分析了这些从业者在社会文化层面的实践过程，从而展示了资本通过资金、技术与创意在全球市场自由流通后造成的中美高科技产业的结构性变化及其带来的社会影响。

赫斯蒙德夫曾提到，文化研究在近些年的媒介产业研究中出现了一股“数字乐观主义”的研究流派：以詹金斯(Jenkins, 2006)为代表的倡导者，继承了20世纪80年代和90年代的观众行为研究，将新媒体的生产实践群体扩展至以更多形式参与的互联网用户。这个流派推崇计算机解放知识和创意的能力，并笃信互联网促进更为公平、自由、民主的社会产生。事实上，这派“数字乐观主义”继承的不仅仅是20世纪90年代的观众行为研究，也继承了90年代互联网研究中的“礼物经济”概念。巴尔鲁克(Barbrook, 1998)认为，缘起于大学校园通过在网络社区聊天、互发邮件等免费交换信息的行为以及Linux等社团通过互助合作改进系统等行为都意味着一种不同于纯商业模式的生产形式——礼物经济的出现。但是这种礼物经济的生产模式又不完全与商业经济相矛盾，反之，两者在当时的网络空间繁荣共生。据此，巴尔鲁克提出这种两者共生的网络空间新经济将成为社会民主的新形式。

然而，随着这种“免费交换的礼物经济”形式在互联网空间的蔓延，大量学者对这种充满民主希望的共存经济形式产生了质疑。其中尤以意大利自治马克思主义学派为主。受益于安东尼奥·内格里(Antonio Negri)于1989年提出的“社会工厂(social factory)”这个概念，迈克尔·哈特(Michael Hardt)进一步指出，随着新自由主义的蔓延，政府对于社会劳动力和社会工厂的控制显得更为国际化与集权化。哈特认为，随着互联网的发展，用户的工作时间与休闲时间重叠，工作与娱乐的边界变得模糊，整个社会都将变成生产商品的工厂，控制更为严密的新自由主义国家将成为主流。在2000年至2009年期间，哈特和内格里分别出版了《帝国》(*Empire*)、《诸众》(*Multitude*)、《共同体》(*Commonwealth*)三部曲，对去中心化的全球化政治秩序和多样化的集体抗争运动进行了论述。三部曲中的一个重要概念即"非物质劳动(immaterial labour)"。哈特和内格里(Hardt & Negri, 2005)将非物质劳动定义为"创造非物质性产品，诸如服务、文化产品、知识或者信息的劳动"。尽管拥护者甚多，这一概念的局限性仍受到了其他自治马克思主义学者的质疑，比如乔治·卡芬齐斯(Caffentzis, 1998)曾指出，哈特和内格里的叙述很大程度上是从白人男性和北方世界(Global North，即发达国家)的角度出发，指责他们过度强调非物质劳动，而忽视了计算机生产背后的血汗工厂里存在的当代奴隶制。随之衍生出的"情感劳动(affective labour)"则包含了诸如护理工和处理社会关系的工作等富含性别角色的劳动。无论是非物质劳动还是情感劳动，自治马克思主义学派都认同互联网用户是新的全球化政治秩序下的重要生产主体。

然而，不管是对从业者群体的概念定义范围之争，还是关于专业/非专业生产实践的经济效益衡量，上述任何一个学派，它们对文化/媒介产业中从业者群体的关怀多是集中于资本如何通过从业者的生产实践进行剥削的批判性讨论。其中，关于生产实践的复杂性和多样性往往缺乏进一步探讨。批判政治经济学中有一派研究趋势关注从业者对自我主体性的建构过程：专业从业者如何通过对生产实践体验的主观理解与解读，建构其在产业内及社会内的主体性。例如，Ezzy(1997: 440)认为，从业者对生产实践的主观体验体现了所处社会的文化语境、社会结构，以及个人对这些资源的创造性利用而建构起来的主体性。班克斯和赫斯蒙德夫（Banks & Hesmondhalgh，2009）则指出，从业者对自我生产实践的主观经验是解读创意产业复杂性的重要视角。赫斯蒙德夫后续与贝克（Hesmondhalgh & Baker，2010）的文化产业研究，建立了一个衡量专业从业者生产实践主观体验的模型，用以评估文化产业生产实践的质量。

虽然衡量互联网产业生产实践的质量并不是本书的重点，但是赫斯蒙德夫和贝克的这个模型仍对本书关心的互联网产业内部复杂动态的分析具有指导意义。图 1.1 是他们研究所建立的模型。

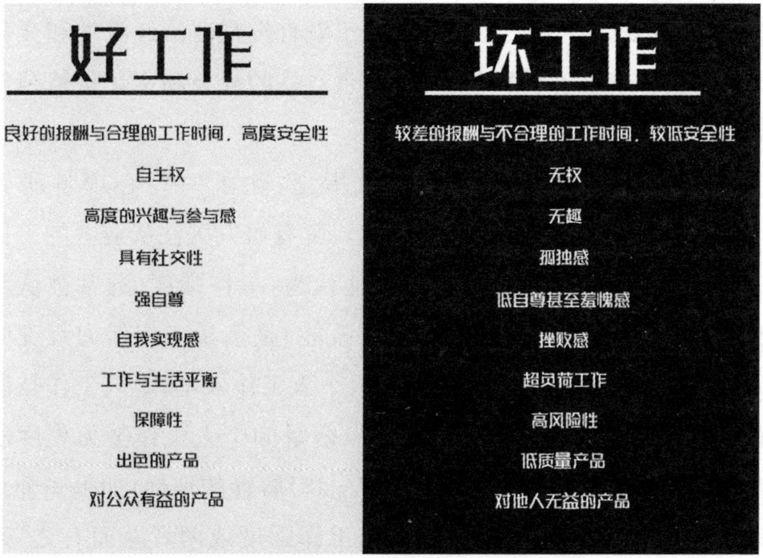

图 1.1　文化创意工作的质量衡量模型

资料来源：Hesmondhalgh & Baker，2010：36。

上述模型的基础是布劳纳(Blauner)衡量劳动过程是否异化的模型。布劳纳提出，马克思定义劳动异化的四个表现为：无权(powerlessness)、无意义(meaninglessness)、隔离(isolation)、自我疏离(self-estrangement)。这四个维度被布劳纳用来衡量劳动是否异化：劳动力在劳动过程中是否享有对生产速度、工作压力、劳动地点、生产数量与质量等的控制权；劳动力在生产过程中是否理解产品及生产组织；劳动力在生产环境中是否拥有归属感；劳动过程是否剥离劳动力而单独存在。赫斯蒙德夫和贝克正是在这四个维度框架的基础上，建立了围绕"自主性、兴趣与参与性、社交性、自尊、自我实现、工作生活的平衡、保障性"这些因素的上述模型，用以评估创意工作是否是值得推崇的"好工作"。此外，延续赫斯蒙德夫长久以来致力于融合批判政治经济学和文化研究的工作，他们的模型中还将创意产品的社会和文化价值视作重要的衡量维度。

格林(Green, 2006: 44 - 47)指出，除了一些心理学研究(Warr，1987；Berg & Schalk, 1997)，鲜有研究关注从业者的工作努力程度对于工作质量的影响。他认为，工作强度(通常被认为等同于工作效率、个人表现和工作技能)是衡量工作努力程度的一个重要标准。因此，个人生产力、个人工作效率、个人工作技能都是研究者可以直观观察到并加以衡量的个人工作努力程度的维度。正如格林(Green, 2006: 47 - 48)解释的那样，如果一个人的工作表现可以通过"提高技能或工作强度或两者兼而有之"来提高，那么他的表现就是有效率的。这些由研究者建立的相对"客观"且"固定"的衡量标准，随着时间而产生变化。通过对这些变化的描述与分析，我们能清楚地看到生产强度与效率的变化是如何推动产业发展的。反之，我们也能清晰地看到产业的发展又是如何进一步改变从业者的生产强度与效率的。此外，格林（Green，2006：150）也认同“工作技能、工作努力程度、自主性、薪酬和保障性”都是衡量文化创意工作质量的重要维度。

因此，在这些研究的基础上，我对中国互联网产业内的从业者群体的研究将集中于对“薪酬”“工作强度”“自主性”“保障性”“自我实现”“产品的社会和文化价值”六个维度的描述与衡量。同时，在整理田野数据的时候，我发现从业者复杂的生产实践过程中还包含了“社会关系”这个重要维度。因此，本书对互联网产业内部动态的分析模型由“薪酬”“工作强度”“自主性”“保障性”“自我实现”“产品的社会和文化价值”和“社会关系”这七个维度组成。

通过这些微观维度，我将描述它们在2009—2015年间的具体变化过程。这些变化过程恰恰是整体产业在这一时间段的发展缩影：一方面，这些从业者的生产实践变化直接影响/推动了产业的发展，产业的整体发展正是由这些内部动态整合而成；另一方面，产业的变化与发展又反过来建构了从业者的生产实践，2015年以后的从业者动态正是由2009—2015年间产业发展建构而成。因此，这种结合微观视角下从业者群体的生产实践与宏观视角下互联网产业变化发展的研究方向，能恰如其分地展示2009—2015年这段时间内互联网产业的动态变化，并抽丝剥茧地分析促成这种动态变化的动力因素。我相信，这份研究对解读2015年以后的中国互联网产业发展变化也一定会带来相关启示与反思。

1.3 创意和商业之间的张力

关于创意与商业之间的张力问题，布尔迪厄(Pierre Bourdieu)的研究无疑是典范。他在《艺术的法则：文学场的生成与结构》一书中，将他最为著名的场域理论(field theory)作为理论框架，以19世纪下半叶的法国文学中的《情感教育》一书为案例，讨论了文化生产场域中的自主性问题。他提出，文学作品建构出的社会结构中，每个角色都在场域中受到秉性(disposition)和习性(habitus)的影响，进而发展出自身的一套行为逻辑来建构其在文学场内的位置及与其他角色之间的关系。通过场域理论中的场域、资本和习性三大要素来分析文学场，就会发现其内在充满了竞争的动态关系。

布尔迪厄对于创意和商业之间的紧张关系的讨论源自对艺术自主性的讨论。他根据艺术与政治经济之间的关系，将艺术分为"市场导向的市民艺术""承担社会政治功能的社会艺术""独立于政治经济力量之外的纯粹艺术"。这三类划分进一步促使文学场内出现了两极分化，即经济资本(与商业效益直接相关)与象征资本(与艺术探索相关)的两极分化。出于对经济资本与象征资本的极端追求，艺术生产也随之产生分化：遵守经济资本最大化的"大规模生产"和遵守自主创造象征资本的"有限生产"。布尔迪厄指出，文学场的自主性并非封闭固化的，而是受到外部社会的影响。场内资本与场外资本是可以转换的，靠的是两者之间的中介力量。如果中介力量不够，那么文化产品有可能从商品直接沦为无法流通的物品。经济资本和象征资本也并非完全泾渭分明。象征资本的生产并非完全摒弃经济资本，相反，其因为在一定程度上追求长期经济资本的增长而倾向于长周期的生产。同理，经济资本并非一味地剥离象征资本，相反，经济资本的生产一样要追求文化产品的意义。

布尔迪厄的文化生产社会学之所以影响深远，是因为他一方面强调19世纪初以来文化生产领域的自主性，另一方面又通过不同的资本概念将文化生产领域和其他领域相联系，尤其是与经济领域（“经济资本”的概念）和社会关系（“社会资本”的概念）之间的联系。相较于多元文化社会学，布尔迪厄的这种文化生产社会学避免了决定论的倾向，转而强调多种权力关系之间的动态联系。

然而，布尔迪厄对于“有限生产”的精英文化的过度关注，导致其缺乏对“大规模生产”的流行文化的关注，一直为很多学者所诟病。例如，赫斯蒙德夫（Hesmondhalgh，2006：218－219）指出，布尔迪厄对大规模生产的忽略导致他的理论在20世纪后出现的以“大规模生产的流行文化”为主的文化产业扩张过程中似乎有些后继无力。他认为，布尔迪厄忽略了文化产业的扩张崛起对于理解文化生产者复杂社会关系的重要性。在他看来，雷蒙德·威廉姆斯（Raymond Williams）的理论对文化产业自20世纪以后的发展更有指导意义。例如威廉姆斯（Williams，1981）根据生产者与文化生产乃至更广泛的社会之间的关系，将文化生产的历史发展分为四个阶段：手工艺阶段、后手工艺阶段、市场专业生产者阶段（等同于布尔迪厄描述的19世纪文化生产时期）、集团专业生产者阶段。毋庸置疑，在跨国公司垄断文化生产的今天，威廉姆斯对文化生产与市场商品化之间的关系的关注自然比布尔迪厄的场域理论显得更有话语权。

延续上述思路，赫斯蒙德夫和贝克（Hesmondhalgh & Baker，2010）对创意工作的研究中进一步引用弗里德曼（Andrew Friedman）关于“直接控制”（direct control）和“责任自治”（responsible autonomy）的讨论。弗里德曼将“责任自治”定义为资本主义生产方式下高层管理者通过赋予生产者一定的地位和责任，来赢得生产者对公司的忠诚，并采取对公司有益的方式去改变行为，从而创造更高的经济效益。这个概念在后结构主义研究中得到继承和发展，其中的柔性管理（soft management）、自我剥削（self-exploitation）等都是与之紧密联系的研究。

班克斯（Banks，2007）也指出，文化产业的商业利益已经通过“用户第一”或“客户利益第一”等公司文化的灌输，对生产者的创意自主性造成了负面的影响。公司文化与环境成为管理者（例如经理）管理创意产业专业从业者，并以此来平衡创意自主性与商业利益的其中一种方法。在资本主义生产方式下，个人主义（individualizaiton）文化在创意产业的流行恰恰是反映了这种艺术与商业之间“被平衡”的关系：完全的个人自由并不存在，相反，所谓的自主性是由市场和政策等在组织机构规范内建构起来的。在全球化的趋势下，即便是去本地化、独立的文化创意产业也仍是被大规模的跨国企业所垄断。这种垄断只会日益侵蚀自主的创意生产空间。但是与后结构主义研究的悲观态度不同，班克斯和赫斯蒙德夫都坚信，文化创意产业中的小公司并不会因为跨国大公司的垄断而走向消亡。同样地，创意自主性空间也不会被完全侵蚀。产业的发展也许会滋生出另一种生产模式（班克斯将其描述为 alliance capitalism），并和主流的资本主义生产方式并存。

上述无论是悲观或是乐观的研究视角，都佐证了本书将互联网从业者的创意自由与商业利益之间的张力作为一个重要维度去观察产业发展的必要性。通过对这种张力的细致描述：一方面，本书将展现从业者创意自主性与公司商业利益之间的复杂动态关系，以及这种复杂动态关系对产业发展产生的影响；另一方面，本书将展现从业者创意自主性与公司以外的社会关系架构、政策变化、经济发展之间的动态关系，以及这种动态关系对互联网产业发展产生的影响。简单来说，本书对于从业者的创意自主性的展现将通过其在公司以及更广泛的社会中的动态架构来实现。

1.4　从商品化到金融化

莫斯克曾在《传播政治经济学》一书中，将当时媒介产业发展的问题概括为商品化、空间化和结构化。商品化是造成空间化和结构化的前提条件。他提出，媒介商品化（commodification）指的是传播内容商品化、受众商品化和劳动商品化。其中传播内容商品化是媒介产业在资本主义市场利润驱使下的必然发展结果；受众商品化和劳动商品化则是指读者、观众对于媒体文化的消费行为被转化为商品，卷入市场生产逻辑中。在莫斯克看来，媒介的商品化是因为媒体的逐利性，将本应用作信息传递与文化教育的媒介产品进行大量的工业化生产，通过不断复制媒介产品，将它转变为资本市场流通的可获利产品。莫斯克指出，媒介商品化的问题不仅在于过度强调了媒介的经济利益，而丧失了批判政治经济学一直以来试图去填补的新古典经济学所缺失的道德视角，更是通过文本符号的构建剥夺了人们的自我身份认同。

事实上，莫斯克对于媒介商品化的批判可以与哈维（David Harvey）对于资本掠夺性积累的批判联系在一起。哈维（Harvey，2006：96）认为，现代资本主义正面临过度积累危机，即剩余资本和剩余劳动力无法有效结合在一起进行再生产。为了解决过度积累的危机，维持资本再积累的过程，资本家们寻找新的地理空间和投资剩余资本的方式，如将物质资源（如其他地理空间的自然资源）和非物质资源（如知识）相结合进行再积累，这就是哈维定义的掠夺性积累（accumulation by dispossession）。哈维（Harvey，2005）提出，资本试图通过空间、时间或时空的修复来克服自身的危机。因此，他认为，资本试图使用时间层面的战略（如信贷、债务、金融市场、金融衍生品），创造新的积累领域（空间修复），或结合两者（例如从其他国家的银行或向其他国家的公司贷款）来解决过度积累问题。

总体而言，莫斯克意识到的媒介产业的商品化问题可以在某种程度上被认为是"掠夺性积累"在媒介产业这一新空间的实践。与此同时，哈维的"掠夺性积累"概念启发了一些对高科技产业的研究，因为它所强调的用以克服资本与劳动力差距所造成危机的资本积累新领域包括了高科技产业，尤其是发展中国家的高科技产业。一些学者认为资本通过掠夺高科技产业资源得以实现这种资本再积累(Rifkin, 2014;Sundarajan, 2016;Milberg & Winkler, 2013;McChesney, 2013)。例如,麦克切斯尼(McChesney, 2013: 97)指出,互联网垄断者已经主导了美国和世界资本主义:它们通过增加专利使用量等方式,将资本积累在新的时空(发展中国家的互联网产业)中不断拓展。他以谷歌为例提醒我们,这些垄断者创造了"赢家通吃的市场"(McChesney,2013: 173),几乎没有给创新创造留下任何空间。里夫金(Rifkin, 2014: 6-7)指出,物联网(IoT)中存在着同样的问题:大型企业通过专利保护垄断产业,导致的结果是保护投资在过时技术的资本价值,而限制新企业与创新技术进入市场,最终阻碍经济的进一步发展,甚至陷入长期停滞。简单来说,市场主导者通过垄断,试图强行提高他们所销售产品的边际成本价格,用以阻止初创公司引入更新的技术来降低边际成本以及商品和服务的价格。但是里夫金(Rifkin, 2014: 23)也乐观地认为,第三次工业革命带来的物联网基础设施以其开放的架构和分布式功能将打破这种垄断,数十亿人将通过成为"社会企业家"的形式得以赋权。

这些研究将高科技产业内的资本再积累很大程度上归结为垄断模式导致的结果,它在2009—2015年的中国互联网产业中有所体现,尤其如导论所述,2015年并购潮下的互联网垄断市场逐渐成形。经济学对此的研究由来已久,并在历史性变迁的视角下将此与马克思所说的金融资本问题相联系。马克思指出,以信贷、抵押贷款、股票市场、金融衍生品等为代表的金融资本是对未来生产的累积债权与合法所有权,作为一种对未来资本增长的投资,金融资本具有高风险性及投机性。金融资本的升降与实际资本价值的变动无关，公司的实际利益有可能与这种“虚构”的资本价值之间存在较大分歧。金融的存在一方面是为资本主义生产提供融资支持，另一方面也是资本家追求高回报的一种方法。金融资本的高风险性使得资本主义系统容易发生危机。

福斯特（John Foster, 2007）提出，随着金融在资本主义模式运转中的作用越来越大，资本主义体系中出现了“金融化”（financialization）的现象。斯威齐（Sweezy, 1997）也发现，1974—1975 年间的资本主义衰退有三个重要趋势：（1）总体增长率放缓，（2）垄断（或寡头垄断）跨国公司在全球范围内扩散，（3）资本积累过程出现金融化。这三个趋势错综复杂地相互推动，造成资本主义衰退。马格多夫和斯威齐（Magdoff & Sweezy, 1987）认为经济停滞（stagnation）和金融化一直贯穿于资本主义的发展过程。因为资本家严重依赖金融增长来扩大资本，由此造成的经济停滞也是无法避免的资本主义历史性阶段。换句话说，金融化是一个超越特定金融泡沫的持续性过程。随着新自由主义在全球范围内的渗透，金融化早已超越特定地域与产业，成为一个普适性的持续性过程在全球蔓延。

这个针对资本主义金融化问题的批判与哈维提出的资本主义试图通过时间战略创造新的积累领域，或是结合时间与空间来解决过度积累问题的论点不谋而合。席勒（Schiller, 2005）为我们介绍了当这种金融化和资本过度积累造成的跨国资本蔓延到中国数字产业领域时，中国政策是如何通过与资本斡旋来发展数字经济的。洪宇（2017）在席勒研究的基础上指出，中国的国家主导的数字经济生产模式正是利用了这种跨国资本的商业力量，并通过政策进行引导与调整，将数字信息技术作为经济结构调整的主要战略，以促进经济的进一步发展。

在这些研究的基础上，本书会在之后的数据分析章节，针对互联网产品的商品化过程与互联网产业金融化发展的趋势进行进一步分析。一方面，本书将展现互联网从业者自 2009 年“理想化”地创造产品到 2015 年“批量化”地制造产品的转变过程，并对这场转变背后的动力机制进行剖析。另一方面，本书将呈现互联网产业并购垄断潮的发展过程，例如将版权作为垄断的一种方式，从业者通过“微创新”来抵抗垄断，垄断公司对资本的逐利性造成的金融化后果等等。

综上所述，本书的数据分析将围绕图 1.2 所示模式中的各个维度展开。

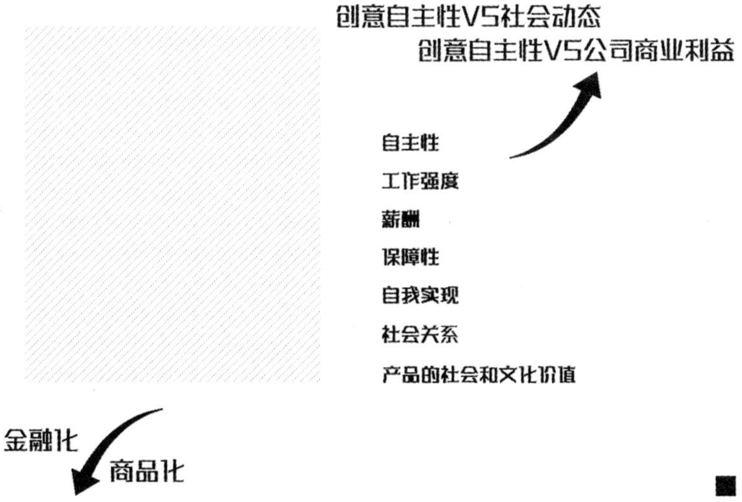

图 1.2　互联网产业动态剖析维度

本章详细地介绍了本书主要对话的理论学派，即结合批判政治经济学和文化研究的主要立场：例如借鉴批判政治经济学区别于新古典经济学的道德视角和文化研究对于创意和商业之间的张力分析。同时，详细地解释了本书理论框架中七大维度的主要理论来源：例如赫斯蒙德夫衡量创意工作的理论框架，布尔迪厄关于创意与商业之间的张力研究，莫斯克对于媒介商品化的论述，哈维关于掠夺性积累的概念，福斯特对于金融化的研究等。我将在下一章分别就研究对象、数据搜集方法和过程、数据分析方法，以及研究道德伦理展开具体论述。

第二章

研究方法

洛贝拉(Llobera, 1998)指出,历史性研究的价值在于研究者通过对过去的调查来解读现在,它是记录大规模社会变革与微观层面个体经验的关键性方法。在他看来,历史性研究的方法主要由一手资料来源和二手资料来源组成,前者包括直接采访与观察研究对象以及分析研究对象在日常生活中产生的文本,后者包括对他人研究报告与文档的分析。事实上,因为本书关注的互联网产业发展内部动态恰恰是结合了宏观的产业发展与内部微观的个体从业者动态,这类历史性研究采用的质化研究方法对本书各阶段的田野调查都适用。

本章将讨论我在各阶段的田野调查中是如何通过这些质化研究方法来搜集一手资料的。在 2.1 节中,我将介绍各阶段的田野调查所涉及的公司,并澄清本书所谈论的内部从业者动态具体是指哪些类型的从业者动态。在 2.2 节中,我将讨论各段田野调查中所采用的主要研究方法,即深度访谈法和参与式观察法。我将解释为何选择这两种方法,以及我是如何应用它们来搜集数据的。在 2.3 节中，我解释了与本书相关的研究伦理问题，包括数据采集过程以及写作发表过程中涉及的研究伦理问题。在 2.4 节中，我总结了在各段田野调查期间以及后期与各类学术共同体交流中产生的反思。

2.1　那些大厂那些人：田野调查的对象

在中国做互联网调查研究是一件非常有意思又有挑战性的事情。有意思的点在于，这是一个从业者平均年龄不超过 35 岁的朝阳行业：我从 24 岁第一次进入这个产业进行田野调查到 30 岁最后一次进入这个产业，期间遇见了形形色色的同龄人和后辈们（用个时髦的词，也许该称他们为“后浪们”）。这些年轻人展现出来的强烈求知欲与好奇心总是能让我从沉闷琐碎的日常研究工作中得以喘息，他们带来的最新互联网产品与想法构思也总能让我大开眼界。每每看到他们蓬勃昂扬的斗志，我也总是会庆幸选择了这个行业作为长期的研究对象。与此同时，在中国做互联网研究又是一件非常有挑战性的事情：很多互联网大公司（俗称的“大厂”）对于学术研究都秉持着警惕甚至排斥的态度。这让习惯了英文世界中企业与学术机构相互支持、紧密合作的我在最初进入田野之时屡屡碰壁，也让两位指导我博士论文的英国本土学者百思不得其解，甚至一度怀疑我无法完成博士论文。

这种障碍，既有互联网产业逐利性导致的对无法产生即时经济效益的学术研究的无视，也有大公司对于自身商业利益的敏感性造成的对学术研究的排斥。选择这些大公司进行田野调查的原因不乏有其代表性的因素在，但更多是出自我最初对所使用产品的好奇心。2009年选择研究生课题之时，某款社交网络产品正大行其道，除了QQ以外，几乎每个大学生以及刚毕业一两年的职场新人都会通过它来展示日常生活——其火热程度不下于当下的微信朋友圈。我当时的研究生导师澳门大学的刘世鼎教授引导我阅读了一些意大利自治马克思主义学派的文献，其中关于非物质劳动的讨论让我联想到了每天都在用的这款产品背后的创作者。我开始好奇这些创作者究竟是如何进行"非物质劳动"的。彼时，那款社交网络产品所属的社交厂（匿名）位于北京。按现在流行的说法，它当时是最大的互联网独角兽之一，并最终于2011年在纳斯达克成功上市。不可避免地，我人生中第一次与这类大厂交手的结果是铩羽而归。

好在懂得变通的中国人总是能通过人际关系迂回地寻求解决之道。在发动了浙江大学校友网以后，我终于找到了在社交厂工作的朋友R。因为R从事的是社交厂的非技术类营销工作，所以她向我引荐了从事非技术类营销相关工作的Y和L。因为业余一起运动的关系，Y又向我引荐了与技术工作密切相关的产品经理X和W。X虽然从事产品经理一职，但是他是计算机专业毕业，对技术还是有一定的认知，所以和JAVA工程师F在工作过程中成了好朋友，于是又帮我介绍了F作为访谈对象。Z和W一样是产品经理，私下关系较好，所以W向我推荐了Z。Z又向我推荐了和他同一期新人进来的J，但是J的职位比较特殊，是当时新开出来的岗位：用户体验组组长。

通过这种滚雪球的方式，我终于得以窥见一丝社交厂的内部动态。也正是这种基于熟人网络的滚雪球方式，使得这些受访者对我大多保持善意，在大多数问题上几乎是知无不言，言无不尽。J、X、F甚至将接受访谈的地点放在了公司内部，我也因此得以有机会参观了社交厂的部分工作环境。当然，这也和受访者大多是刚从事技术相关工作一两年的职场新人有很大关系：有限的社交网络和几乎一成不变的工作日常让他们对当时还是在读学生身份的同龄人展现了最大的善意与倾诉欲望。但是因为我的经验不足，导致未能对受访对象进行分层，最终八名受访者中有三名从事营销相关工作，三名从事产品经理工作，一名从事用户体验工作，只有一名真正从事技术工作。好在现在回顾起来，这似乎预示了社交厂发展至今的现状：因为对营销等资本运作的重视高过于对产品技术研发的投入，社交厂时至今日已是日薄西山，其当年的社交网络王牌产品也已淡出众人视线。

2011年的夏天，因为和F一直保持着断断续续的联系，所以在联系博士论文田野地的时候，我自然而然地将社交厂作为第一个地点。彼时，Y已经跳槽离开了互联网产业，X辞职和朋友组成三人小团体创业做游戏App。一次偶然的机会，我还读到了媒体对X的采访，他的产品被视作即将上市的明日之星。F在得知我这个阶段的研究对技术从业人员（俗称的IT工程师或是码农）更感兴趣之后，帮我介绍了刚加入社交厂一年多，从事产品算法的YQ和开放平台技术主管CZ。YQ是一个对学术圈特别好奇的东北人，有着东北人传统的幽默感和健谈特征，不但给我介绍了产品经理CQ、广告人员YL和开放平台程序员XD，甚至在我的研究中期，将他加入社交厂近两年的工作日志都交予我做资料分析。正如我在序言中所述，我此后的研究成果（包括这本书的成文）在很大程度上受益于如 YQ 这类的从业者的帮助，在此也再次感谢这些从业者对学术研究的热忱和支持。YL 是互联网行业里难得一见的漂亮女生，因此在社交厂很受欢迎，她后续给我介绍了从事算法的 BH 和从事 3G 技术的 SY。第一期田野中的 R 尽管已经跳槽去了其他大厂，也还是给我介绍了刚加入社交厂不久的策划人员 YW。因此，在第二阶段的田野调查中，我的八名新受访者和一名老受访者中有六名技术人员，一名产品经理，两名营销相关人员。关于这两段时期的访谈人员信息我会在"深度访谈法"小节中具体说明。

我的博士田野调查设计还包括了三个月的参与式观察。2011 年，淘宝的"双十一"正发展得如火如荼，支付宝也推出了手机支付功能。当时我心仪的田野调查地正是阿里巴巴，通过高中同学的关系，我得以内推申请淘宝的实习生。但是，在经过两轮面试，最终将要获得阿里巴巴内部人员的标志性花名之时，我被告知我的实习生岗位不幸被取消。虽然官方给出的理由是岗位调整，但是我们私下的猜测是阿里对学术研究的警惕心让他们对于一个博士研究生在学习途中回国参与本科实习生工作产生了不可避免的怀疑。第一次试图接近阿里巴巴的败北似乎预示了我之后在这家公司的屡屡碰壁。

获知被拒消息的时候，我已经回国"待业"了一个月之久，在焦虑的驱动下，我几乎发动了身边所有能联系的人。最终，在当时正在位于上海的游戏厂（匿名）做人事工作的本科学姐小今的引荐下，我顺利通过内推加入彼时互联网大厂之一的游戏厂人事部门，成为一名实习生。我在2011年9—12月间从事了近4个月的参与式观察。游戏厂于2005年在纳斯达克上市，彼时其主要盈利业务正是网络游戏，占据当时国内网络游戏半壁江山，游戏业务更在2009年单独拆分，于纳斯达克上市。2008年，游戏厂在网络文学领域大肆收购，几乎占据80%的市场份额。遗憾的是，自2012年从纳斯达克退市以后，游戏厂的游戏业务和网络文学业务分别于2014年和2015年被其他互联网巨头收购。

在进入田野之后，我陆续认识了游戏厂总部人事、核心创新、游戏研发等部门的各类技术从业者和非技术从业者。他们有的是正式员工，有的是实习生，还有一些是劳务派遣员工和劳务外包员工。正式员工和实习生的区分较为明确，劳务派遣员工和劳务外包员工同属于非正式员工，他们之间的区分在2008年中国调整《劳动合同法》以后显得较为明确。根据当年的《劳动合同法》规定，劳务派遣员工为派遣单位招聘，由派遣单位与用工单位签订劳务派遣协议后派遣至用工单位工作。劳务外包则是指用人单位将项目外包给劳务公司，并签订《人力资源服务合同》，外包单位负责管理外包人员，并向外包人员支付报酬。简单来说，根据我在游戏厂的观察，劳务派遣人员一般是劳务公司派过来做事的，他们会按照游戏厂的上下班制度来工作。外包人员则是游戏厂将项目打包给劳务公司，让劳务公司自行决定工作人员，外包人员无需遵守游戏厂的上下班制度。因为2008年的《劳动合同法》对劳务派遣“同工同酬”以及“用工单位和派遣单位对派遣员工利益共同负责”的修改规定，导致我在2011年进入游戏厂实习以后接触到的大多是劳务外包员工，而非劳务派遣员工。关于我在田野观察期间接触到的所有员工的背景信息，我会在“参与式观察法”小节中具体说明。

在2011年12月底完成上海的参与式观察以后，带着许多观察途中发现的问题与产生的疑惑，我又回到北京，找到F、YQ、CQ、YL和SY做了五个正式的深度访谈，来和田野观察中的一些数据进行对比。可以说，2011年的大半时间我都花在往返于读书的英国利兹和两个田野点北京与上海之间。在这一年中，我可以算是半个从业者，一直参与两个互联网大厂的日常工作，对以这两个大厂为代表的互联网产业在这一年的变化发展进行了深入的观察与分析。

尽管2012—2013年期间我忙于完成博士论文，但我还是和YQ保持着断断续续的联系，见证了他离开社交厂加入另一互联网巨头鹅厂（匿名），离开鹅厂和朋友自行创业做互联网医疗，憧憬创业公司上市，最后又成为一名独立技术人员的成长经历。在和YQ这两年的交谈过程中，我渐渐发现行业内出现了一波并购潮——发展至今的BAT垄断商业模式在当时已初具规模。于是，在2014年从英国毕业回到澳门教书以后，我开始筹划对这个产业进行一次回访。

2015年，YQ已经从鹅厂离职，与朋友在北京三环租了一个体面的办公室开始创业做互联网医疗。刚拿到A轮融资的他正是意气风发之时，与我大谈互联网融资风潮。在他的帮助下我找到了和朋友成立外包小团队的技术人员DJJ和在BAT大厂做技术前端的BCC。在对他们的访谈中，我发现了访谈提纲中未能提及的外包团队的角色。于是，我临时改变访谈计划，想要再找几个技术外包人员来聊一聊。幸运的是，当时正在北京一家公益组织工作的我的研究生同学小一在2015年的新年夜前夕，帮我联系到了给他们组织做技术支持的外包团队里的两名技术人员BXX和DEE作为我的受访者，还有在通信国企中做互联网业务的技术人员JFF。神通广大的小一还在隔天帮我找到了在北京创业做游戏公司的WTT。在和WTT聊天的过程中我又发现了培训班这个产业中新兴的“神秘存在”。于是WTT又把我介绍给了他正在创业做培训班的朋友SPP，同时还就我提出的关于融资的问题向我推荐了从金融业转行来互联网创业做算法技术的DKK和FWW。也许是新年夜做访谈带来的好运，2016年1月初，我收到在橘子厂（匿名）供职的朋友的信息，表示他有两名同事愿意匿名接受我的访谈。在时隔7年以后，我终于得以将我的田野地拓展到第三个城市，杭州。

这三个阶段的田野调查因为对应着我的不同研究阶段，它们各自所关注的研究问题自是不同：2009—2010年第一阶段的田野调查关注的是在以社交厂为代表的互联网公司工作的从业者在多大程度上与当时盛行的“非物质劳动”概念相契合；2011年第二阶段的田野调查关注的是互联网从业者的工作生活动态以及他们的能动性；2015年第三阶段的田野调查则是从宏观角度去解读互联网产业的金融化和垄断化发展趋势。尽管各自的关注视角不同，但是在整理这三个阶段近百万字的田野数据时，我也发现这些或微观或宏观的数据具有连贯性和因果性，在一定程度上可以帮助我完整地理解并解读2009—2015年之间中国互联网的发展动态及其背后的动力因素——这也正是本书成书的缘起。在下一节中，我将对这三阶段的深度访谈的数据采集过程及内容进行具体解释。

2.2 数据搜集

2.2.1 深度访谈法

作为质化研究的重要研究方法之一，谈论深度访谈法方法论的书籍众多。现在回头看当时的读书笔记，我发现当时参考的主要书目是《研究传播学》(*Researching Communications*)、《调查的工艺》(*The Craft of Inquiry*)、《社会科学方法》(*Method in Social Science*)、《研究社会生活》(*Researching Social Life*)、《研究社会与文化》(*Researching Society and Culture*)以及《互联网传播与质化研究》(*Internet Communication and Qualitative Research*)。这些书目精确、详细解释了质化研究方法论的概念和发展历史，深度访谈法的分类和具体操作步骤，观察法的分类和操作步骤，如何分析质化数据，以及研究伦理道德问题等。

其中，西尔(Seale)尤其指出，质化研究中的访谈法可以帮助我们探索平时看不到或听不到的信息，例如"受访者的内心状态，他们行为背后的理由，以及他们的感受等"(Seale, 1998: 202)。菲尔丁(Fielding, 1993)将访谈法分为三类：标准化或结构化访谈，半标准化或半结构化访谈，非标准化或非结构化访谈。虽然在很多方法课上，我们都会被教导半结构化访谈法因其对灵活性和标准性的平衡，是最常被采用的一种访谈法。但是我在田野实践中发现，非结构化访谈往往能帮我发现更多意想不到的数据，也往往能带我走出理论框架构思阶段的一些桎梏。非结构化访谈法在初期准备阶段通常只有一份访谈指南，上面的访谈方向与问题往往是基于研究问题发展出来的。在访谈过程中访谈者可以自由提问，也可以通过与受访者讨论来发展问题，加入提纲中。

附件一、二、三分别是第一、第二、第三阶段深度访谈的访谈提纲。如上所述，因为三个阶段关注的研究问题不同，这三个访谈提纲是基于三个阶段的主要研究问题发展而来。但是，一方面，前两章的理论框架也解释了如何将这三个不同的研究问题结合起来，解读互联网产业在2009—2015年期间的内部发展动态及其背后的动力机制；另一方面，在本章前半部分，我也细致地解释了我在这三个阶段的研究思路的连贯性延展。因此，这40多万字的访谈数据将会在本书中被选择性引用。

如我在上一节所述，进入互联网产业进行田野调查的困难导致我在选取访谈对象的时候只能用滚雪球抽样法。好在因为每个阶段的研究问题都相当明确，我在滚雪球抽样的过程中还是兼顾了受访者的性别、职务、部门等多元因素。具体访谈对象背景信息如表2.1所示。

表2.1　访谈对象资料

访谈编号	姓名	性别	访谈时间	访谈地点	公司/职务
访谈1	R	女	2010年2月25日	北京	社交厂渠道部门经理

（续表）

访谈编号	姓名	性别	访谈时间	访谈地点	公司/职务
访谈2	Y	男	2010年2月25日	北京	社交厂商务拓展部门主管
访谈3	W	男	2010年2月26日	北京	社交厂产品经理
访谈4	Z	男	2010年2月26日	北京	社交厂产品经理
访谈5	J	男	2010年2月26日	北京	社交厂用户体验组组长
访谈6	L	女	2010年2月27日	北京	社交厂渠道专员
访谈7	X	男	2010年2月27日	北京	社交厂产品经理，后辞职创业
访谈8	F	男	2010年2月27日	北京	社交厂JAVA工程师
访谈9	YW	女	2011年8月24日	北京	社交厂策划专员
访谈10	YQ	男	2011年8月24日	北京	社交厂算法工程师，后跳槽到鹅厂做算法技术人员，之后又辞职创业
访谈11	CQ	男	2011年8月25日	北京	社交厂产品经理
访谈12	XD	男	2011年8月25日	北京	社交厂开放平台程序员
访谈13	YL	女	2011年8月26日	北京	社交厂广告部销售人员
访谈14	SY	男	2011年8月26日	北京	社交厂3G技术程序员
访谈15	CZ	男	2011年8月27日	北京	社交厂开放平台技术主管

（续表）

访谈编号	姓名	性别	访谈时间	访谈地点	公司/职务
访谈 16	BH	男	2011 年 8 月 27 日	北京	社交厂算法工程师
访谈 17	F	男	2011 年 8 月 28 日	北京	从社交厂辞职加入朋友公司作为创始人之一从事技术开发
访谈 18	F	男	2011 年 12 月 18 日	北京	在朋友公司作为创始人之一从事技术开发
访谈 19	YQ	男	2011 年 12 月 23 日	北京	社交厂算法工程师，后跳槽到鹅厂做算法技术人员，之后又辞职创业
访谈 20	CQ	男	2011 年 12 月 23 日	北京	社交厂产品经理
访谈 21	YL	女	2011 年 12 月 24 日	北京	社交厂广告部销售人员
访谈 22	SY	男	2011 年 12 月 24 日	北京	社交厂 3G 技术程序员
访谈 23	BCC	女	2015 年 12 月 28 日	北京	曾在凤凰网和酷我等互联网媒体公司工作过，后为某大厂前端技术人员
访谈 24	DJJ	男	2015 年 12 月 28 日	北京	和朋友做技术外包团队
访谈 25	WTT	男	2015 年 12 月 29 日	北京	自己创业做手机游戏公司

（续表）

访谈编号	姓名	性别	访谈时间	访谈地点	公司/职务
访谈 26	JFF	男	2015 年 12 月 29 日	北京	国有电信公司中的互联网部门技术人员
访谈 27	BXX	男	2015 年 12 月 29 日	北京	外包公司技术人员
访谈 28	DEE	男	2015 年 12 月 29 日	北京	外包公司技术人员
访谈 29	YQ	男	2015 年 12 月 30 日	北京	创业做互联网医疗，成为公司二把手
访谈 30	SPP	男	2015 年 12 月 30 日	北京	自己创业做前端设计培训班
访谈 31	DKK	男	2015 年 12 月 31 日	北京	和 FWW 一起创业算法技术公司的技术人员
访谈 32	FWW	男	2015 年 12 月 31 日	北京	前摩根斯坦利从业人员，离开投行后，和 DKK 一起创业算法技术公司
访谈 33	WLL	女	2016 年 1 月 3 日	杭州	橘子厂非技术人员
访谈 34	BHH	男	2016 年 1 月 3 日	杭州	橘子厂技术人员

如附件一所示，2010 年第一阶段的八个访谈多集中于这些从业者在社交厂的日常工作生活。这一方面源自我的研究问题，另一方面则是因为当时对互联网从业者的研究寥寥可数，可参考的资料不多，第一次正面接触大厂从业者的我只能从最基本的信息开始聊起。好在是由熟人介绍，这些年轻人与当时的我年龄相

仿，加上我当时在他们眼中略微神秘的“澳门留学生”的身份，导致他们愿意与我分享大多数的工作生活日常，每一个访谈几乎都超过两个小时。访谈之余，有几位好客的受访者还在闲暇之余带我逛了北京的大小胡同，我们也因此加深了对一些问题的探讨。

如附件二所示，2011 年八月的九个访谈则多集中于从业者的创意自由度问题。这一方面是深受本书理论框架中的政治经济学关怀的商品化问题和文化研究关怀的创意与商业之间的张力问题所启发，另一方面也是因为当时的互联网产业已经进入高速发展的阶段，从业者的创意自由深受资本扩张与政策的影响。同样受惠于熟人社交圈和年龄相仿的因素，以及我作为女性研究者的性别优势（我在多年的田野调查过程中发现，男性技术人员，诸如工程师等，多倾向于对长相尚可、面露无知的女性研究者尽可能多地展示他们的所知及所为——这个理由对性别研究学者们多有冒犯，在此颇为抱歉），每个访谈都超过两个小时，且内容极为丰富。2011 年年底的五个访谈集中于信息安全、微创新，以及关怀社会公共利益等内容。这些关注点主要源自我在游戏厂 3 个月的观察中所发现的现象与问题。因为有 8 月的访谈作为基础，这个阶段的访谈内容更为深入，包含了更多的私人信息与经验。

如附件三所示，第三阶段 2015 年的十二个访谈关注的是更宏观的互联网产业并购现象及其背后的动力机制。这一方面是因为我在那几年看着 YQ 的职业演变所产生的好奇心，另一方面是当时双创政策下引发的互联网金融热和“组团热”（详见导论中论及互联网历史的部分)激发了我的好奇心。这一批受访者中很多是自行创业的从业者,他们大多热衷于向外人展示自己的“实力”,因此颇为健谈。但这也导致了一定的风险:谈话内容的真实性。为了验证数据的真实性(即量化研究中经常说的“效度”),在每次谈话中,我都运用不同的讨论方式反复回顾几个大问题,也会将不同受访者的观点穿插其中,进行多方验证。

事实上,菲尔丁(Fielding, 1993: 148)在谈论深度访谈时就提示过这一风险,即受访者可能会撒谎,用以掩盖一些不光彩的行为或是增强自身的认同感。赫斯蒙德夫和贝克(Hesmondhalgh & Baker, 2010)在他们的实证研究中也发现了这个问题,指出受访者可能会因为受到访谈者的影响或是时间推移的影响而改变他们的说法。因此,另一种质化研究的重要方法——参与式观察法就显得尤为必要。参与式观察法一方面可以弥补深度访谈法遗漏的数据,另一方面可以帮助访谈者了解受访者的真实想法,进一步验证和解读受访者的观点。下一小节,我将更详细地讨论这种方法的操作过程。

2.2.2 参与式观察法

哈莫斯利和阿特金森(Hammersley & Atkinson, 1995: 1)指出,民族志研究者通常需要在很长一段时间内公开或是秘密地参与被观察者群体的日常生活,通过观察群体内发生的事情,倾听被观察者的讨论,并提出问题加入日常谈话,用以搜集任何可用的数据来阐明研究问题。根据这类定义,参与式观察法是民族志很重要的一部分。布兰南和奥尤特姆(Brannan & Oultram,

2012：310)声称，参与式观察法使人们能够探索某些人类体验，如文化和情感的生活体验，这是其他研究方法无法探索的。通常民族志的参与式观察会持续一年甚至更久，“民族志之父”马林诺斯基对澳洲土著群体的研究，列维-斯特劳斯对亚马逊河流域原始部落的研究和奈吉尔巴利对非洲喀麦隆多瓦悠人村落的研究都是个中典范。与正统的人类学研究相比，我在游戏厂短短三个月的参与式观察只是初级版本而已，并不能被纳入民族志范畴内去讨论。

隐蔽还是公开？

沃尔什(Walsh，1998)重点分析了研究者潜在的观察者身份，并将其分为四类：完全的参与者、参与者的观察、观察者的参与和完全的观察者。其中完全的参与者有时也被称为“隐蔽式参与观察”(Brannan & Oultram，2012：297)。这类的研究者不会通知参与者群体有关研究的信息，甚至不会表露自己研究者的身份。其优势是显而易见的，研究者往往能深入参与者群体获取最真实详尽的一手资料。但是这个角色可能会导致一些道德伦理问题，也存在一定的“本土化”(go native)风险，即研究者为了认同被研究者而放弃了研究者的立场(Walsh，1998：222)。我会在下一节“研究伦理道德”中对这一问题进行详细解释。

如我前文所述，2011 年的互联网大公司对于学术研究的排斥导致我寻找“田野入口”(access)变得相当困难。正是申请淘宝实习生被拒的经历提醒了我使用隐蔽式参与观察的必要性。事实上，关于隐蔽式参与观察的利弊在学术圈的争论由来已久。支持者如约根森(Jorgensen，1989：49)认为隐蔽式参与观察使得研究者能顺利进入一些“封闭”的田野点，并确保数据的真实性。学术研究中最知名的隐蔽式参与观察案例之一是卡尔维(Calvey)对曼彻斯特酒吧门卫群体的研究。卡尔维(Calvey, 2000)强调，隐蔽式参与观察不仅能解决田野入口的问题，更能在一些危险的田野调查中(如与犯罪有关的工作)有效地保护研究者。同时，他相信隐蔽式参与观察是与参与者群体深入接触，获取最丰富数据的有效方法。

反对者如沃尔什(Walsh, 1998: 222)则认为，在进入田野点以后，隐蔽式参与观察会产生重大的伦理道德问题，一旦研究者的隐蔽身份被揭穿，就会发生不可控的事情。布兰南和奥尤特姆(Brannan & Oultram, 2002: 299)认为，隐蔽式参与观察是一种不道德的、不诚实的、不尊重人权的方法，并且有可能将参与者的利益置于风险。贝尔格(Berg, 2009)认为，隐蔽式参与观察会因为其欺骗性行为而损害学术圈的声誉，导致关闭某些研究渠道。斯皮克(Spicker, 2011: 119－120)则提醒，大多数对隐蔽式参与观察的反对是针对“欺骗行为”，而非“隐蔽研究者身份”的行为。换言之，斯皮克认为，大多数并不涉及欺骗行为的隐蔽式参与观察都是可行的。

卡尔维(Calvey, 2000: 47－55)认为，伦理学不应脱离实际情境与案例，高高在上地指导民族志研究；相反，伦理学需要作为民族志研究的一部分。他强调，应在不干扰研究环境的情况下去理解参与者群体的实际问题。他质疑“获取参与者群体知情同意说明”的观点，他认为这是由假设隐蔽式参与观察是一种有问题的方法的研究者提出的。相反，他鼓励用隐蔽式参与观察法对有争议的领域进行更多的调查性社会研究。同时，对隐蔽式参与观察的批判并不意味着公开的参与观察就能解决所有问题。例如，劳德（Lauder，2003）认为，当收益大于潜在风险的时候，隐蔽式参与观察就是合理的。菲尔丁（Fielding，1993）也承认，公开和隐蔽的参与式观察其实是相互融合的：并不是所有公开研究都将信息告知了参与者，而一些隐蔽式研究确实在某些情况下获得了参与者的知情同意。

诚然，我在研究中采用的隐蔽式参与观察法导致了一些伦理问题。例如，当我在和参与者们建立个人友谊的同时，我收集了他们的故事用作研究数据。在一定程度上，当时的我觉得是在"欺骗"参与者：参与者和我分享他们的个人故事是因为他们把我视为朋友，这似乎显得我是在利用我们之间的友谊来搜集研究数据。这让我在使用这一部分数据的时候陷入了两难境地。但正如卡尔维所说，这种伦理关切需要被视为"民族志研究的一部分"，而不是将它们从民族志研究中单独剥离出来，让它们凌驾于民族志研究之上。平心而论，当时采取隐蔽式参与观察法的最大原因还是我无法顺利地获取田野入口。因此，虽然我在使用这种方法的过程中意识到了一些伦理问题，但由于研究的必要性，我还是决定使用这种方法。

此外，斯皮克（Spicker，2011：122）提醒使用这种方法的研究者们，在使用时要考虑与研究对象相关的两种权利：特殊权利和一般权利。前者是指研究人员和参与者之间的关系，即研究人员的行为应该与其研究职业道德相一致。后者包括公民权和一般法律赋予的权利，如适当的隐私权以及不被剥削的权利。研究人员有责任避免伤害参与者并尊重参与者群体，并有责任通过研究促进更大范围的人类社会福祉。这一点对我最终决定采用隐蔽式研究方法起到关键作用：我的研究有助于更广泛的社会群体了解中国互联网发展动态，也有助于社会对互联网从业者群体的理解与关怀。

如何操作？

沃尔什（Walsh，1998：228）提出，参与式观察中记录观察数据的典型手段是写田野笔记，即对社会过程及其背景进行具体描述，并开始捕捉它们的各种特征。布兰南和奥尤特姆（Brannan & Oultram，2002）也强调了在参与式观察过程中写田野笔记的重要性。在我的观察过程中，由于我采用了隐蔽式方法，所以很难在实习过程中公开地用办公室电脑写田野笔记。因此，我在每天的工作时间都会在个人笔记本上写下关键词和关键问题，并养成了在下班后写当天田野笔记的习惯。这些田野笔记不仅记录了我在工作中的所见所想，也记录了我在田野中的思考。受“田野笔记必须巨细靡遗”的学术训练影响，三个月的田野笔记我写了足足十三万余字，并且粘贴了大量我自己拍摄的图片和搜集的一些文本资料。

得益于英国“学徒式”的博士训练方式，在这三个月期间，平均每两三周我都会将田野笔记的关键内容翻译成英文，并附上自己的反思与问题，通过电子邮件与两位导师联系。两位导师都非常仔细地对每份田野笔记进行批注，并且在邮件正文中对我当时提出的问题给予解答，同时也及时地调整我的观察方向，提醒我哪些话题需要进一步在田野中搜集更多数据。在当时这种良性的指导模式下，我在观察过程中不断地调整数据搜集方向，同时也日渐明确需要详细搜集数据的关键话题。回过头去翻阅这些近五万字的批注，时至今日我仍觉得受益良多。

在小今学姐的帮助下，我作为一名实习生，于2011年9月27日正式入职游戏厂的人力资源部，负责与翻译相关的工作。在工作中，我阅读了大量与游戏厂发展相关的内部文件，如员工的招聘与培训、公司内部的发展规划与实际运作模式、员工的升职体系与管理等。这些文件只限公司内部流传，所以我的隐蔽式方法方便我接触到这些信息，并对它们进行记录。由于我的实习工作是在培训团队，负责员工的培训计划，因此我能够与不同部门的员工交谈，包括一些技术部门。这些员工既包括和我一样的实习生，也包括有经验的全职员工，同时还有前文提及的劳务派遣和劳务外包人员。与他们的交谈毫无疑问丰富了我对游戏厂内部动态的认知。由于互联网产业的高流动性，很多正式员工是从其他互联网公司跳槽过来，和他们的对话也丰富了我对其他互联网公司，甚至当时整个互联网产业内部动态的认知。

因为我当时的“在校生”和“海外留学生”身份，许多与我年龄相仿的实习生都乐意向我分享他们的故事。这些故事不仅局限于在游戏厂的工作日常，还包括他们在校园里、私人生活领域的一些日常。在某种程度上，我和几个实习生在短短三个月内建立了深厚的友谊，这些友谊在带给我详尽数据的同时，也给我带来了深深的自责感，间或地，我总是很挣扎如何才能将对他们的“欺骗程度”降到最低。这一部分的内容我会在下一节详述。在许多场合，我表现出了毕业以后想回国在互联网公司工作的浓厚兴趣，因此，许多全职员工也乐于向我分享他们的想法与职场故事，并对我时常主动引起某些话题的讨论并不排斥。我还被邀请参加公司的一些内部活动，这些经历帮助我深入了解游戏厂管理员工的模式，以及不同部门和员工之间的社交动态。在某些活动中，我借着“未来想在行业内工作”的身份，拍摄了一些照片作为这项研究的可视化数据，这些数据帮我形象地记录了游戏厂当时的发展状态。

在三个月的实习过程中，我的田野笔记记录了我与 22 位参与者的日常互动，下面是他们的基本信息介绍。为保护他们的隐私，所有参与者都被匿名处理，有关他们个人的信息我特意进行了模糊。22 位参与者中的 6 位我以“小”字辈命名，是因为这些人和我建立了深厚的友谊，我们的日常互动不再局限于游戏厂，还包括上海市中心的商场和游乐场所。三个月中，我们不但一起上下班、吃午饭、聊天八卦，更是经常相互帮忙请假打卡、和上级迂回斡旋、相约聚餐、周末逛街、短途旅行等等，分享二十五六岁的女性在当时的工作生活中遇到的一切喜悦与悲伤。她们中的大多数已和我失去联系，希望在互联网大潮中沉浮已久的她们能实现当年聊过的理想。

22 位参与者中有一位创新院的工程师文哥在当时有意追求我，因此除了在游戏厂一起工作之余，我偶尔会和他出去共进晚餐，针对一些话题深入讨论（不知道当时的文哥是否有去社交网留言咨询，为何他追求的女生只关心他的工作）。剩下的 14 位参与者与我的互动基本都局限于游戏厂内，虽然我们在私下生活中并未有太多联系，但是他们日常的工作动态也为我带来了丰富的信息。

表 2.2　被观察者背景信息

姓名	性别	职务/工作内容	雇佣形式	背　　景
小今	女	员工培训	全职员工	非上海本地人，国内某 985 高校工商管理本硕毕业。在进入游戏厂之前一直在传统金融行业从事人力资源工作。她所在的培训部门主要从事集团公司的高端人才培养工作。在我结束田野之后的半年，因为游戏厂业务调整被裁员
小邹	女	员工招聘	实习生	非上海本地人，本硕是上海某 985 高校新闻传播学专业，当时正在一所 985 高校传播系读研。打算和男朋友结婚留在上海从事人力资源工作。最后未能成功入职游戏厂，在我离开时还在找其他工作
小南	女	员工入职	实习生	从西部城市去到广东就读 985 高校的新闻传播学专业，研究生刚毕业。特意来到上海租房找工作。最后成功入职游戏厂
小靓	女	员工福利薪酬管理	实习生	非上海本地人。本硕都是上海某 985 高校的新闻传播学专业，当时正在上海读研。为了照顾在科技公司工作的男朋友，打算找一份清闲又高收入的工作。最后因为武哥亲自打招呼，成功入职游戏厂
小珍	女	员工入职	实习生	非上海本地人，就读上海某 985 高校的新闻传播学专业，当时正在上海读研。急切想在毕业前找到正式工作。最后未能留在游戏厂，半年以后入职一家国际银行

（续表）

姓名	性别	职务/工作内容	雇佣形式	背　　景
小西	女	游戏部门的人力资源	实习生	非上海本地人，就读上海某 985 高校的人力资源专业，研究生刚毕业。同样想留在游戏部门从事人力资源工作，最终成功入职游戏厂游戏部门
文哥	男	创新院工程师	全职员工	211 高校本科毕业后进入某大厂从事了两年工程师工作。当时刚刚跳槽到游戏厂的创新院，从事新兴技术开发。对于互联网产业内跳槽涨工资的行规运用娴熟
田田	女	员工离职	全职员工	当时刚刚离职，去向成谜。经常私下联系小邹，希望能获取游戏厂内部资料
莱莱	女	游戏部门的人力资源（小西的直接上级）	全职员工	学历不明，热衷海外文化，在工作中要求所有人喊她英文名
媛媛	女	员工招聘（新入职）	全职员工	上海某高校本科毕业，从一家国企的人力资源部门跳槽到游戏厂
萍萍	女	招聘部门主管（小邹和小南的直接上级）	全职员工	游戏厂关系户，学历不明，工作能力有限，日常喜欢下属奉承
莹莹	女	员工招聘	全职员工	在田田离职后接替了田田的工作。本科学历，刚毕业不久，年纪比小邹小
芳芳	女	员工入职（小珍和小南的直接上级）	全职员工	和月月差不多大，负责游戏厂上海和北京两地的员工招聘入职工作，一周有一天需要从上海飞去北京统一面试应聘者

（续表）

姓名	性别	职务/工作内容	雇佣形式	背　　景
月月	女	培训部门主管	全职员工	35岁左右，某211高校人力资源专业硕士毕业。在跳槽来游戏厂之前在国内众多互联网大厂已有多年工作经验。她的丈夫在另外一家互联网大厂做技术工作
雯雯	女	人力资源部经理（中层管理者）	全职员工	普通高校本科毕业。表面弱不禁风，工作中相当强势，小今称其“极具狼性”。经常帮高管解决薪酬福利上的事情，工作上需要和依依进行对接。尽管经常找借口请假不来上班，但是很会在高管面前表现自己
依依	女	员工福利薪酬管理（专门负责高管）	全职员工	原上海某家医院高级病房专门服务外宾的护士。在游戏厂专门负责高管及其家属的医疗服务，因此在游戏厂享受中层待遇
斑斑	女	员工培训（我的直接上级）	全职员工	和当时的我年纪相仿，国内某985高校硕士毕业。在来游戏厂之前已有其他大厂的工作经验。为人谨慎，不太愿意与同事八卦
丁姐	女	游戏厂高管（二把手）	全职员工	公司高管，会处理一些“关系户”来游戏厂实习或工作
杰哥	男	员工入职部门主管	全职员工	35岁左右的中年男子，在国际大牌手机公司从事人力资源工作多年，后跳槽来游戏厂。家人住在南京，每周五晚上他都会提前下班坐高铁回南京与家人团聚
武哥	男	游戏厂高管（仅次于丁姐）	全职员工	和杰哥年龄相仿，需要每月飞一次北京面试技术人员。家人在深圳，每月回一次深圳与家人团聚

（续表）

姓名	性别	职务/工作内容	雇佣形式	背景
全哥	男	员工薪酬管理	全职员工	某211高校硕士毕业，游戏厂最初的管理培训生，轮岗一年后在薪酬部工作。因为部门人员流动较多，他当时需要做两个人的工作，后游戏厂招了一个实习生帮他分担
宇哥	男	员工薪酬管理	全职员工	某211高校硕士毕业，游戏厂最初的管理培训生，轮岗一年后在薪酬部工作

细心的读者也许已经发现上表中并没有出现我在这一节开头所提及的劳务派遣员工和劳务外包员工的资料。这一点正是我在正文中会加以分析的关于不同职务之间的关系网络：劳务派遣员工和劳务外包员工在游戏厂几乎属于“二等公民”（和实习生同属一类），即便如我这般急切地想和游戏厂的每一个人搭上话的观察者都无法接近这个群体，更遑论在田野笔记中对他们多有描述（当然也不排除另一因素，即当时的我观察经验有限，未能对这个群体多加尝试）。

在深度访谈章节中我已有所提及，YQ在与我熟识之后非常热心地向我提供了他自2009年9月到2011年7月在社交厂的工作日记。同时，在我的说明之下，他还被“发展”成为一名“自我观察者”，从2011年8月31日开始记录自己在社交厂的工作生活，一直到2011年12月20日。这长达近二十万字，跨越两年的日记详尽地向我展示了一名普通互联网从业者在2009—2011年这段互联网产业发展时期所经历的日常。从这些琐碎的个体日常中，我们将会对当时宏观的产业发展动态有更鲜活更准确的认知。鲍查德(Bauchard, 1976：398)认为，人类感知和记忆信息的方式具有选择性，甚至有一定程度的扭曲，因此自我观察的有效性很低。他建议采取系统抽样的方法来避免这个问题。诚然，YQ自我观察的有效性会遭到质疑，一是因为2009年9月到2011年7月的工作日志对本研究的主要问题并无直接针对性，二是因为自我观察的日志或多或少具有主观性。但是对本研究来说，我将多阶段的深度访谈法与参与式观察法所搜集到的数据相结合，自我观察法所搜集的数据仅作为上述两种方法的数据补充。此外，这三种方法搜集到的数据可以相互验证及支持，在更大程度上帮我确保了数据的真实性和有效性。

2.2.3 数据分析

麦迪逊(Madison, 2012：43)认为将田野资料整理成数据的最好方式是按照不同的主题和类别进行数据编码和输入。随着软件技术的发展，现在已有许多帮助分析质化研究的软件，比如atlas.ti、nvivo、maxqda等。2012年，在完成博士田野调查，回到利兹以后，我还是对nvivo很有兴趣，兴致勃勃地报名参加了学校两期工作坊，假装像模像样地妄图使用“高科技”来分析大量数据。最后结果证明，如同我在使用其他高科技产品时的无能一样，实际操作中，我的nvivo技术低下到软件本身可能都对我颇有嘲笑之意。最终被逼上梁山的我，只能选择最原始的办法：通读几十万字的田野资料来熟悉原始数据，通过反复阅读以后归纳总结出和研究问题相关的要点，再回顾在田野调查之前所做的文献阅读笔记，将两者比对来确定主题与类别。在此基础上，再对这些分门别类的主题进行数据填充。

麦迪逊（Madison，2012）强调分门别类提取主题的重要性，认为这个过程能形成研究的主要框架和研究者的主要观点。但是我想他可能忘记提醒读者，这个“人工手动分析过程”是一项巨大又艰辛的工作。当年“初生牛犊不怕虎”的我在长达两个月的时间里几乎是没日没夜地浸泡在几十万字的田野资料和文献阅读笔记中，租住的公寓和办公室的各个角落都分布着只有我自己看得懂的类似于密码的便笺纸，无时无刻不在反复思考修改数据分类和其中的逻辑架构。这种“疯狂”的“笨办法”虽然耗时耗力，但是好处是能让进入写作阶段的我仍保有对田野细节的新鲜记忆，并且在后期写作过程中对于数据的应用相对娴熟。这种人工进行“数据转录”“数据清洗”“数据编码”“数据归纳解读”的数据分析习惯我一直保持至今。即便是在 2015 年工作以后，在做完当时的访谈后很长一段时间内，我仍旧选择沉下心来反复阅读分析田野资料，一直到 2017 年才开始完成写作，将这些数据陆续发表。这里必须提醒那些刚刚接触质化研究的学生们，这种方法有利有弊，最大的弊端就是耗时耗力导致成果出版较慢，能学会技术的各位同学还是慎用这种“原始方法”。

2.3 研究的道德伦理问题

麦迪逊（Madison，2012：96－98）强调，道德伦理包括我们判断人类行为所依据的信仰和原则，是人类活动很重要的一部分。尤其对于批判民族志学者来说，肩负提升人类社会福祉重任的我们更应在道德伦理层面严格要求自己的研究。如前文所述，我采用的隐蔽式参与观察法导致我有必要开辟一章来说明此项研究的道德伦理问题。正如麦迪逊所述，作为一名试图改善自身所处社会公共利益的研究者，我自觉有责任保护我的研究参与者，并将这项研究可能给他们带来的伤害降至最低。卡尔维（Calvey，2000：54）还提出，隐蔽式研究的另一大伦理问题集中在研究过程中对人际关系、忠诚度和信任感的持续性管理。换言之，如何平衡“人际关系的维系”与“避免本土化”两者是隐蔽式研究的重要伦理问题。

两者之间冲突的典型表现是“欺骗感”。这部分的原因我在上一节中已有所描述。尽管一些研究人员，如：道格拉斯（Douglas，1976）和费迪南德（Ferdinand，2007）等，认为隐蔽式研究的好处可能大于风险，但我仍然在情感上觉得我在欺骗参与者。关于这种两难境地的解决方案，我在博士期间除了向两位导师寻求帮助以外，还多次在不同的学术共同体寻求建议。例如，我在 2012 年 8 月的欧洲传播研究和教育协会（ECREA）暑期班上提出了这个研究伦理问题。有学者认为我的“欺骗感”恰恰是源自我的“本土化”问题，正是因为我在研究中过于融入“参与者”身份而无法抽离，导致了我在离开田野之后仍带有这种“欺骗感”。在第 13 届互联网研究协会（AoIR）年会上，我参加了一个叫做“另类伦理学”（alternative ethics）的圆桌会议。与会者也提出了相似的解读，认为我是因为陷入“本土化”中无法自拔，才受困于这种“欺骗感”。

且不论我是否能以“本土化”的理由来说服自己，在后期的出版中我还是选择使用了这部分数据，因为我认为这些真实的资料恰恰是让更多人了解中国互联网产业发展动态的重要途径。也许会有正在尝试进入这个产业的年轻人看到这类出版物以后能对自己的选择进行反思；也许有正在念书的学生看到这类出版物以后更了解数字经济背后的人文意义；也许有更多的学者看到这类出版物以后愿意投身于对这个产业的研究。我希望，这本书的出版能让这些鲜活的数据带来更多人文主义的思考和关怀。同时，为了降低我的“负疚感”，在写作中，我都避免直接引用这些参与者的话语与观点，而是通过“讲故事”的方式，通过间接的描述来展示这些田野数据。

延续上述思路，第二个重要的研究道德伦理问题自然是如何保护参与者。麦迪逊（Madison，2012：129）认为匿名是一种确保研究工作不会损害参与者的安全、尊严和隐私的有效策略。毋庸置疑，我非常赞同这一观点。因此，在本书和其他相关出版中，我都通过匿名模糊了这些公司和参与者的信息，使得他们无法被身边的人辨认。同时，我也避免将游戏厂和社交厂的具体部门与分工详尽地展示在本书中，以模糊参与者个人信息。匿名的有效性存在一定的争议，因为某些特定事件和行为的描述会导致一些参与者可能被身边亲近的同事或是领导辨认出来。例如某些实习生的行为可能会被领导解读为对公司的不忠诚，从而为他们带来工作上的麻烦。但是在高流动率的互联网产业中，这不会是一个大问题。即便是在 2013 年我撰写博士论文的时候，我的数据中所提及的参与者都离开了游戏厂。虽然 2015 年中的个别参与者，尤其是创业者，都还在自己的领域内奋斗着，但是我在描述中还是尽量避免直接引用他们的话语。尽管这些受访者都签署过研究知情同意书，表示只要我没有扭曲他们的观点，他们愿意出现在我的研究中，我仍然是选择采用间接描述的方式来避免可能给他们造成的不便。

第三个经常被提及的研究道德伦理问题是关于研究人员的安全。利兹大学的研究道德委员会在每个博士生从事田野调查前期都会要求研究者递交相关文件进行伦理审查，以确保参与者和研究者的安全，最大限度地规避伦理风险。翻阅当时的记录，我在 2011 年 5 月 18 日递交了第一次申请，结果申请很快被退回，我被要求修改申请并递交更多补充说明文件。在 7 月 24 日第二次递交申请材料以后，我又被要求回答委员会提出的研究伦理相关的疑问。最终，我的第三次申请在 8 月 11 日才获得委员会的批准，得以在北京开展田野调查。在这三个月和委员会的沟通过程中，我发现，也许是因为文化差异，英国的学术圈对中国产业存在一定误解：委员会提出的一个重大疑问是，我是否能确保自己回国以后的安全。在这些英国的委员们看来，我的研究既然在寻找田野入口时就面临这么大的困境，那么贸然进入一个不欢迎学术研究的领域内去从事“隐蔽式研究”，势必意味着我需要冒很大的风险。事实上，这不是唯一一个提醒我此类风险的学术共同体：在 ECREA 暑期班和第 13 届 AoIR 上同样有学者提醒我类似的风险。这里我必须为国内互联网产业澄清此类误解：诚然这些互联网大厂不热衷于和无法带来即时经济效益的学术研究进行紧密合作，如阿里巴巴此类关注商业信息安全的更是拒绝大部分学术研究。但是这种拒绝仅限于将入口关闭而已，此类研究并不是像卡尔维（Calvey，2000）的酒吧门卫群体研究那样会涉及毒品和帮派等问题的研究。因此，我也并不会如某些西方学者担心的那样，可能会因为这类研究而被“关进监狱”或是“人身安全受到威胁”。

我在本章中首先明确了本书的主要研究对象：社交厂和游戏厂的从业者群体。其次，我对本书采纳的主要研究方法——深度访谈法和参与式观察法，进行了回顾，其中重点解释了我采用隐蔽式观察法的原因、具体操作、涉及的种种问题以及相关解决对策。同时，我还详细介绍了我的数据分析过程，对于其中涉及的较为“个人化”的数据处理步骤也进行了详细说明。最后，我就研究过程中出现的研究道德伦理问题进行了反思。我尤其希望，这章能对我这几年在互联网领域从事的学术研究在方法论层面进行一次总结反思，也希望这些反思能对以后有志于从事此类研究的读者带来一定启发。我将在下一章中，对从业者在产业内的薪酬变化与工作强度进行具体描述，并进一步对推动这一变化的动力机制进行分析。

第三章

工作还是游戏——工作强度与薪酬

3.1 互联网产业的职业道德——加班

格林(Green, 2006)将工作强度定义为从业者在工作中付出的努力程度,包括工作效率、个人生产力,以及工作技能等相关因素。"相对努力"(relative effort)和"努力程度的变化"(effort changes)是衡量这种工作强度的两个变量。"相对努力"具有固定效应,是由研究者建立的标准来进行评判;"努力程度的变化"则更多仰赖于从业者自身的主观体会来呈现他们不同时间内的努力程度变化。顺应这条研究思路,本书定义了"相对努力"的两大标准:"从业者在工作时间内付出的劳动量"和"从业者的工作时间"。同时,本节分析中也大量引用从业者自身的主观体会来呈现他们的努力程度。

如导论所述,2010 年的互联网产业内除了 3Q 大战以外,影视类网站纷纷上市,电子商务也频频发力。社交厂的创始人在把社交厂卖给投资人以后,重新创业开办团购网站,并在之后的市场独领半壁江山。这一年的社交厂刚刚经历了诸多重大业务挑战。比如，凭借一款社交游戏风靡全国年轻人群体；启动了允许第三方开发者应用插件的开放平台战略来拓展新业务；以及通过改名来扩大用户群等。而这些重大的业务调整都离不开一群充满活力与斗志的年轻从业者的奋斗。

这一年，朝气蓬勃的社交厂从业者们向我这个刚刚接触互联网产业的新手介绍他们的工作的时候，往往都是以一种自豪的态度来形容这个行业："不断更新的技术""一群有干劲有活力的年轻人""有想法的年轻人""拼命做产品"等都是我在访谈中频频听到的词汇。这种不知疲倦的奋斗感与兴奋感几乎裹挟了当时整个行业内的从业者。社交厂正是看到了这个契机，在 2009 年招聘了 120 多名应届毕业生，又在 2010 年招聘了近 100 名应届毕业生。作为公司福利，社交厂给这些刚刚毕业的学生提供一年的免费宿舍。"同事"加"室友"的关系使得这些年轻人很容易就建立起了亲密关系："我觉得我生活中只有工作，没有私人生活"（访谈 7）。而这种亲密关系也被有效地运用到生产关系中：有的受访者认为这种亲密又轻松的同事关系使得项目沟通变得更容易，工作效率也有所增加。

"那个穿红衣服的同事是做客户单部门的，我是做开放平台的，我们俩在工作上其实没什么交集。那天我们在公司咖啡机前面聊了一下，发现我们的产品很有合作的可能。他做客户端，我做链接网站，我们可以合作链接很多桌面，像 sogo 输入法或者是搜索软件等。我们是可以做到让用户用社交厂账号去登录这些网站。就是说，我来提供一个 API，他来提供一个登录的接入器。这个合作就是因为我们在咖啡机前的闲聊促成的。之后用户就发现他们可以用社交厂账号登录 sogo 输入法、360 卫士。这其实就是一种自下而上的生产方式。”（访谈 3）

W 在这里所说的“自下而上的生产方式”正是当时盛行于产业内的从业者们积极主动的“主人翁”精神：从业者不在乎工作量，只在乎他们生产的产品是否能在用户群中得到认同。这就导致无论是劳动量还是工作时间都在这类生产方式中不断叠加。当然这种“工作量”并不仅仅局限于“自下而上的生产方式”，有时候还来自不同部门之间的交集：

“比如我的上级领导直接找我做一件事情，我就必须做出一个很好的结果给他。但是同时，另外一个部门需要我合作去做成一件事情。这个部门又没有征求我们部门领导意见，单独来找我。我的时间又有限，你说我是帮还是不帮？如果我帮，那我就需要加班。如果我不帮，那这个部门的计划就要被打乱。”（访谈 8）

上述 F 的经历显示了从业者的日常工作量会因为跨部门的合作而增加。这种“主动”增加工作量的状况到了 2011 年愈演愈烈，甚至出现了从业者“自觉”将绩效（KPI）指数翻一番的情况。

“当时我的同事小白被打压到运维部，我去找他，想做一个新业务。他很支持我，让他手底下的人全部和我合作。我们努力了一个多月，我负责想法，他负责写代码，每两周开发一个新的功能。我觉得我们实现了很多有用的功能。"（访谈19）

"今年二三月份的时候，我的一个策略让一个游戏增长了100%的效益：从收入角度来说涨了100%，就是说它的收入在峰值的时候到达了整个平台的80%，这个时候我就觉得我的贡献很大。"（访谈11）

上述两位受访者完成的都是超出他们的KPI要求的工作量。社交厂的无线手机端部门则经常被要求通过加班来完成额外的KPI：有的紧急项目需要在一个月内开发完成，抢占先机市场，所以整个部门的从业者会被高层要求去郊区宾馆进行为期一个月的封闭式团队开发。期间，参与这个封闭式开发项目的团队成员的吃喝住宿全都在宾馆内，所有时间都围绕着项目展开。如果连封闭式开发都无法解决突增的KPI的话，那么这部分工作量就会被外包给外来团队，以降低开发成本。社交厂的游戏部门通常会需要跨平台开发游戏（例如将网页游戏开发成Android客户端游戏），所以经常出现外包项目。

KPI的全称为Key Performance Indicator，是公司制定的衡量个人工作量的标准。在以"扁平化管理"著称的互联网产业中，它往往是个人通过与上级协商以后制定的，作为评定个人能力与发放奖金的主要参考。以社交厂为例，员工的KPI考核每季度进行一次，结果分为ABC等级。按照规定，每组必须有员工拿到C，拿到C的员工则没有当季奖金。根据受访者所述，有的部门（如广告部）KPI评级是给正式员工A和B，给实习生C，因为实习生无论任何等级都没有奖金。有的部门（如3G部门）很随意，总监给80几个人里较为熟悉的几个人A，剩下的人随机给B和C。有的部门（如产品部门）则是轮流制，成员之间轮流拿A和C。这种没有客观标准，全凭管理者自行操控的KPI考核结果，导致它不仅没有起到客观衡量从业者工作量的作用，反之，却导致一些从业者为了博取上级的好感而选择加班。

> “我的工作量（在上班时间）确实做不完。其次，我刚来当然要好好表现一下。我刚来的时候就比较好骗，天天加班……你看这个打卡记录，第一个记录从16:09到凌晨2:09结束，中午我又来公司了，继续工作到深夜。”（访谈14）

可以说，加班是2011年的互联网产业常态。发展至今，“996”甚至是“007”都已经是国内大多数互联网公司默认的“潜规则”。游戏厂对于员工的加班时间规定如图3.1、图3.2所示。

由图3.1可见，游戏厂的加班形式主要分为三类：日常工作日的延时工作、休息日加班，以及法定节假日加班。后两种加班形式因为需要公司给予额外经济补偿，因此通常需要经过二级以上领导批准才能进行。图3.2对这个审批流程进行了详细说明。在社交厂和橘子厂也是有类似规定。而日常工作日的延时工作则只有“超过四小时调休”这个报酬。事实上，游戏厂的正常工作时间为早上九点到晚上六点，中间一小时午休，但是大多数员工会选择搭乘公司18:20的第一班免费班车去地铁站，免去挤公交

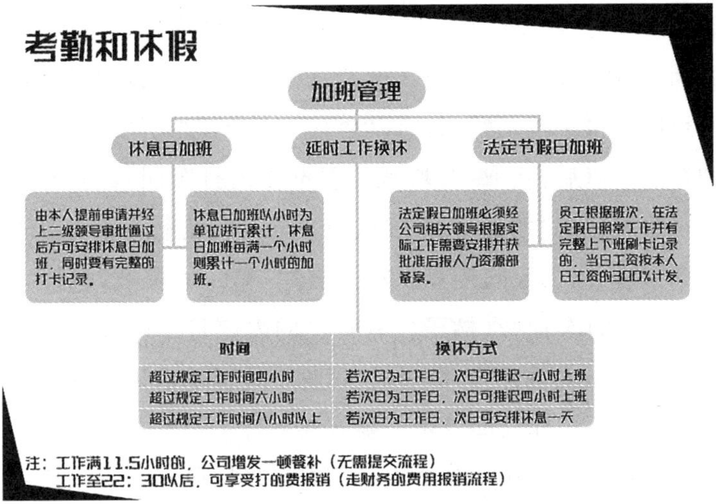

图 3.1　2011 年游戏厂加班管理

资料来源：作者实习时获取。

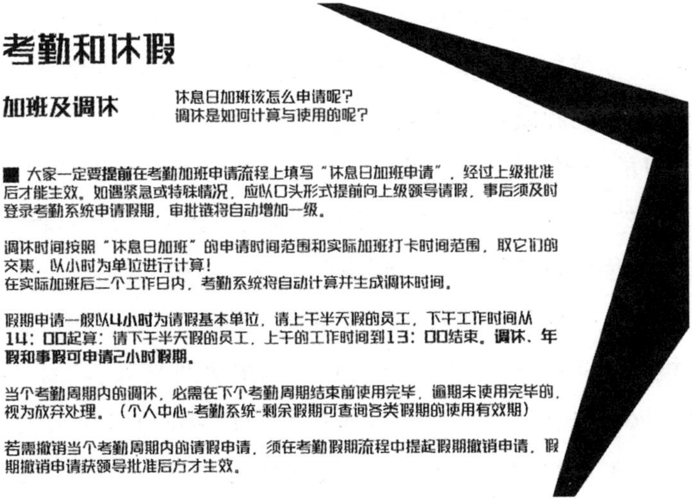

图 3.2　2011 年游戏厂加班调休规定

资料来源：作者实习时获取。

车的痛苦。这就无形中导致大多数员工会自动加班 15—20 分钟。同时，因为游戏厂晚上八点半以后提供 18 块钱的餐补，晚上十一点以后报销打车费用，所以会有一部分住得近的员工选择加班到八点半以后，获取 18 块钱的餐补作为打车回家的费用。橘子厂也有类似的“鼓励加班”的政策：员工在晚上六点会有 13 块钱的虚拟餐补（当天晚上六点以后可用，第二天失效）进饭卡，晚上 9 点以后打车免费（橘子厂有自己的内部打车软件）。这个政策导致很多员工会选择六点在公司吃完晚饭以后再回家，而这段时间内的额外工作时间基本上被忽略不计了。

媛媛从加入游戏厂第二天开始就每晚加班到七点以后，之后即便回到家也需要撰写第二天见上司所需的报告。文哥则在一次晚餐中和我抱怨说他前面一周几乎每晚加班到十二点到凌晨一点。就算第二天有调休一小时的“待遇”，但是因为任务紧急，他还是需要第二天早上六点起来来公司。所以他都考虑把在上一家公司买的睡袋带来办公室，直接睡在办公室了。2011 年 11 月 29 日的观察日记中，我提到，游戏厂的内部员工资料中将“职业道德”的其中一条定义为加班加到很迟。比如，公司认同的“好的职业道德”包括“早上九点到晚上十一点都在工作”。一个高管甚至在和人事部门对谈时提出应该将“职业素养”定义为“基层员工手机 24 小时开机、开会不迟到、短信快速回复等”。而马云在针对“996”提出的“福报”一说，其实在 2011 年的游戏厂中已广为流行：我在 2011 年 12 月 9 日的观察日记中写到，当时我去游戏部门参加的培训讲座向在场员工灌输了三个小时的公司价值观，其中包括“公司利益高于员工利益”以及“如果公司盈利不好了，员工的未来利益就毫无保障，甚至连养老金都无法保障"等观点。换句话说，游戏厂通过这类企业文化的规训，试图让从业者主动增加工作量，延长工作时间。

在刚进入游戏厂实习的时候，我发现，公司有一个 Android 认证培训项目，这个项目鼓励甚至强迫公司所有员工通过 Android 认证，来为公司开发 Android 产品提供足够的人才储备。公司对此的说法是，即便是非技术部门的员工也被大力鼓励"多学一门知识"。公司针对通过资格认证考试的员工更是有额外加薪的鼓励政策。有些部门甚至规定，当这个部门有 30%的员工未能通过认证考试的时候，部门负责人将被处以减薪的处罚。虽然在后来我帮人事部门整理高管访谈内容的时候发现，这个政策是人事部门曲解了老总的意思，被其中一位高管认为是"盲目执行"的后果（老总当时是针对一些工程师不懂 Android 开发的现状，要求"所有人"，即所有工程师，学习 Android 开发）。但是，即便是老总的原意，也是希望技术类从业者能通过额外增加工作量，为公司开发新产品储备生产技能。

此类关于增加工作量或是工作时间的抱怨在 2015 年的访谈中更是比比皆是：

"（之前那家公司）完全是按照老板娘的心情管理：加班一般就是（每天）朝九晚十二，然后一周六天。有的时候一周（工作）七天……"（访谈 25）

"我（在互联网大厂）的同学们经常加班到 9 点之后。他们经常说的一句话是'互联网肯定是要加班的'，他们觉得这

是常态。”(访谈26)

“我们下班以后都不走，在公司继续工作到八九点，十点多坐地铁回到家，洗洗就睡了。”(访谈28)

“理论上，我们的上班时间是早上九点到晚上六点，但是实际上我们都是早上十点前到公司，晚上九点以后才下班。加班两个小时是比较普遍的现象。我们有一些人是弹性工作制，会工作到凌晨一两点钟，第二天早上不来公司。说实话，工作量有一些是额外增加的，比如本部门以外派过来的。运维的同事们加班还是比较常态化的，因为他们的工作涉及数据变迁。我们就算在家里也会办公，这也算是加班……我还没结婚之前，周六经常去公司做一下KPI，因为反正在家也无聊……国内现在做IT的很多都加班，这个氛围从很早以前就积累下来了……新的项目用‘酒店封闭式团队开发’是为了打消员工一切的顾虑，同时让数据保密性得到保障。我们也有类似的‘闭关项目’，没有像关酒店那么过分，连家都回不了。但是闭关也是把一群人关到一个房间，让大家直接进行语言沟通，降低沟通成本。同时能高效地实现一些功能开发。一般一个闭关项目是一个多月，也有长达两三个月的。闭关比较频繁。”(访谈34)

可见，从2010年到2015年，互联网产业中的这种或主动或强迫形式的增加工作量和工作时间的加班文化一直存在。正是因为这些从业者年复一年地增加工作强度，使得互联网产业在这期间得到飞速发展：从2010年的团购网站兴起发展到2011年的手机支付系统相继普及以及网络文学等互联网内容市场大热，再发展到 2012 年的自媒体挑战传统纸媒行业以及余额宝独占全民投资的鳌头，继续发展到 2013 年的 BAT 并购大潮以及中国网购市场跃升世界第一，乃至发展到 2014 年阿里巴巴在纽交所上市成为世界第二大互联网公司，最终发展到 2015 年的互联网金融和 O2O 产品热潮以及 BAT 并购潮。

2011 年的手机支付系统普及过程中，不可缺少的是如访谈 3 所述的“自下而上的生产方式”以及社交厂的“封闭式开发”这类高强度工作的贡献。2012 年的网络文学等互联网内容市场热潮中，也免不了游戏厂“好的职业道德”和“职业素养”的每日规训所作出的贡献。2013 年到 2014 年快速发展成为世界第二大互联网公司的阿里巴巴，不可避免地依赖于如本研究中这些千千万万普通员工的“每晚九点以后才回家”以及经常“闭关”的工作累积。正是 2010—2015 年间从业者工作强度的不断增加，才使得中国互联网产业在这段时间内得到飞速发展。也正是因为产业在这段时间之后持续性的爆发式拓展，又使得从业者群体不断增加工作强度，最终形成了“996”现象引发社会关注。

3.2　你想打怪升级吗——游戏式管理下的工资

这样的工作强度之下，我不免开始好奇这些从业者的报酬，毕竟互联网产业的高薪一直是媒体竞相报道的热点。根据华夏时报报道，腾讯在 2020 年 7 月 10 日晚公告了最新股权激励计划，授予不少于 2.97 万人 2 664 万股的股份。折合一下，大概每位分到股份的员工能拿到约 44.2 万元人民币。而根据腾讯发布的 2020 年一季度财报显示，腾讯员工的平均月工资在 8 万元左右。同时，该报道还指出，阿里巴巴的薪酬一直以 16 个月薪水 + 年底奖金 + 股票分红高居员工薪资收入榜榜首。[①] 事实上，互联网的报酬一般分为薪酬和福利两大块，其中薪酬又分为工资、股票和绩效三块，福利通常分为国家基本福利与公司福利两块。以游戏厂为例，图 3.3 是人力资源部门告知新员工的游戏厂薪酬待遇组成部分。

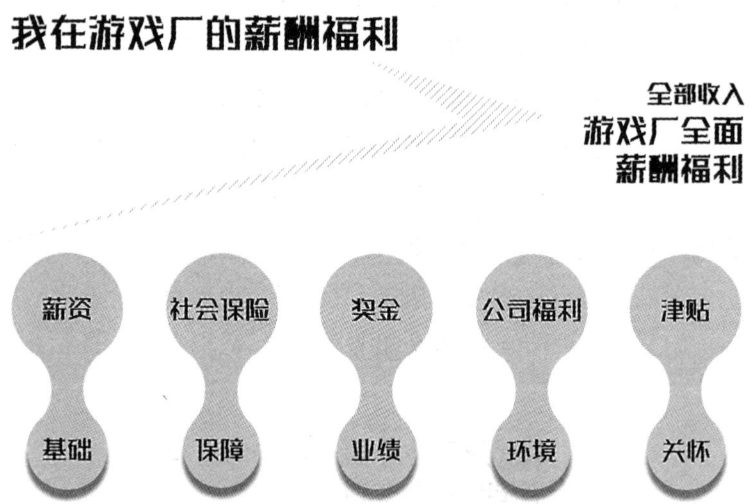

图 3.3 游戏厂薪酬待遇组成

资料来源：作者实习时获取，后期重新整理。

---

① 《中国互联网公司的工资有多高？腾讯月薪 8 万，华为年收入 100 万》，华夏时报，2020 年 7 月 15 日，https：//www.chinatimes.net.cn/article/98429.html。

互联网产业通常以 14 个月以上的工资而广为人知，比如阿里和腾讯的 16 个月工资。其中 12 个月以外的工资一般被当作年终奖来发放。但是实际情况是，12 个月以外的这部分年终奖通常取决于公司当年效益、所在部门/团队的业绩，以及个人绩效考核。小今加入游戏厂两年的经验是，游戏厂虽然号称发放 14 个月工资，其中 2 个月工资作为年终奖发放，但因为公司在过去两年中的效益和她所在部门的绩效并不尽如人意，她并没有得到过这 2 个月的工资。游戏厂文学部门的奖金通常被分为两部分发放：每个季度发放一部分，剩下的大部分放在年底才发，以防止员工拿完奖金以后就跳槽。

社交厂普通员工的起薪在 2011 年于 4 000—13 000 元浮动，大部分技术人员拿到的都是 5 000—7 000 元的起薪。虽然号称发放 13 个月的工资，但是最后一个月的工资被作为季度奖金，与 KPI 考核结果挂钩。如前文所述，因为各种原因导致很多员工并不能拿到 A 等的 KPI 考核结果，所以这些员工并不能完全拿到第 13 个月的报酬。2015 年的互联网产业中，各大厂普通技术人员校招的起薪在 9 000—14 000 元浮动，阿里巴巴那一年的校招平均月薪是 1 万。

游戏厂的薪资计算系统因其游戏式管理系统而在当时的产业内颇负盛名，游戏厂倡导“像管理游戏一样管理公司”“像服务用户一样服务员工”。这套游戏式管理法可以说是现在互联网产业内普遍存在的 P 序列的薪资升职体系的起源。它的核心是“经验值”：游戏厂将不同经验值对应不同职级（YX，匿名），YX 分为 1—100 级，每级对应固定的经验值，而经验值又换算成固定的工资。例如 YX30 对应 20 000 点经验值，20 000 点经验值对应 5 000 元工资。图 3.4 是这一游戏式管理体系的具体模式。

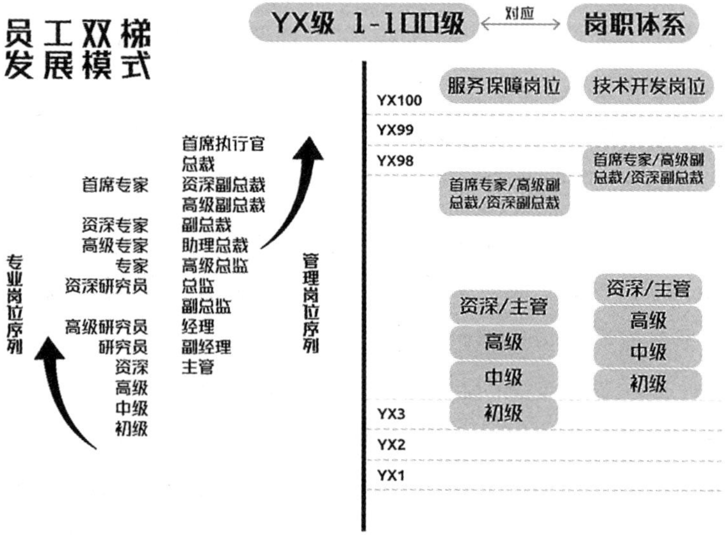

图 3.4 游戏式管理体系的双梯发展模式和岗职体系

资料来源：作者实习时获取，后期重新整理。

如上图所示，YX 级的上升可以让技术类与非技术类员工得到岗职的晋升。其中，技术开发岗位的职级要略高于非技术类的服务保障岗位。例如，技术开发岗位的首席专家最高可到达 YX99，而服务保障岗位的首席专家最高只可到达 YX98。这样就意味着，同样的首席专家，如果是技术开发岗位的，他的职级要略高于服务保障岗位的，职级对应的工资自然也是相应提高。但是图 3.4 左边的大类升职体系则正好相反，技术人员如果不增加管理职能，单纯选择走专业岗位升迁的，则很容易到达“天花板”，即首席专家。兼任管理职能的无论是技术还是非技术人员则可以突破升迁的天花板，到达总裁甚至首席执行官的位置。换言之，游戏厂认为技术类的工作产量要大于非技术类的工作产量，但是它也同时鼓励技术人员在完成技术工作之余再额外承担管理工作量。在我观察的过程中也发现，公司当时的高管团队中大部分都是由技术类从业者升职而来，很多技术人员如文哥也表示愿意在技术之外加入公司管理培训项目，来获取更多升迁的机会。

图 3.5 则是游戏厂关于经验值的获取以及工资的计算方式。在游戏厂，经验值的获取途径主要有两类：岗位经验值和项目经验值。岗位经验值主要依据员工日步伐值来计算，即每日的考勤。例如游戏厂规定，正式员工每个月可以有三次迟到半小时的权利，若是超出三次则按照旷工半天来计算，旷工半天则当日步伐值为 0。加班换取的调休可以有日步伐值，但是大部分工作日的加班则不额外授予日步伐值。同时，主管及以上的管理人员也对员工除 KPI 以外的日常工作完成情况有评价，以及依据评价进行的岗位经验值奖惩的权力。岗位经验值的另一个重要获取途径则是 KPI 考核。如本章前文所述，游戏厂的 KPI 考核分为 ABCDE 五个等级，其中 A 级考核的岗位经验值可增加 300%，B 级增加 200%，C 级增加 100%，D 级不变，E 级扣除 100%。

项目经验值则主要通过做项目、做任务和在内网的 KM 系统中分享知识来获取。其中，做项目附带的经验值最大，往往是几百甚至上千的经验值增加。技术类的项目要比非技术类项目附带的经验值高。比如丁姐曾经在内网系统中发布过一个修改公司校园招聘网站的项目。因为项目需要额外的技术辅助，且要在

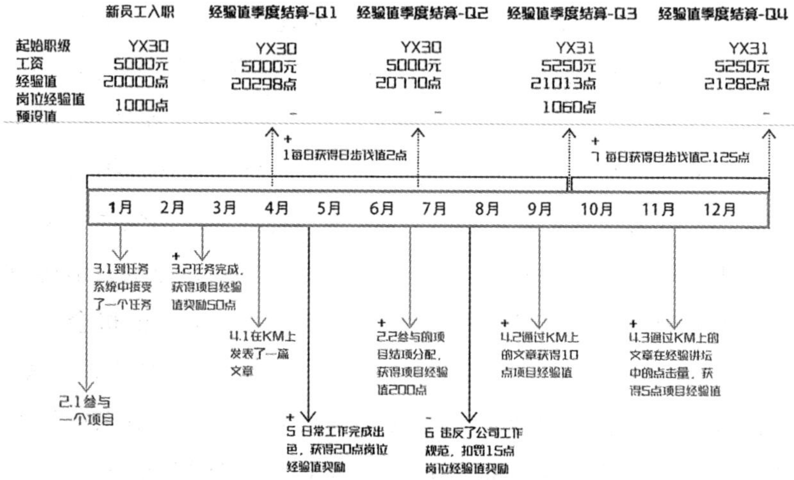

图 3.5 游戏厂员工成长路径

资料来源：作者实习时获取。

三天之内完成，人力资源部并没有时间与人力去解决这个问题。项目在发布后的两天内被三名技术员工通过周末加班完成，这三名技术员工获得了项目承诺的 200 点经验值。游戏厂的内部资料显示，2009 年游戏厂一共设立并完成了 700 个额外项目，奖励了员工 350 万点经验值。平均下来，每位员工的 YX 级提升了 1.62 个，平均工资增长了 14%。其中增长最快的一名员工被提升了 16 个 YX 级，工资翻了一倍。相比较做项目而言，做任务所获取的经验值以十个点为计量单位。如图 3.6 所示，为游戏厂产品去第三方平台留好评可以为员工增加 5—10 点经验值。在内网系统 KM 上分享经验与知识所获取的经验值则是个位数。

以图 3.5 中的新员工为例，他在游戏厂一年的经验值增长基本上涵盖了上述几类增长方式：因为是新入职的员工，他的起始

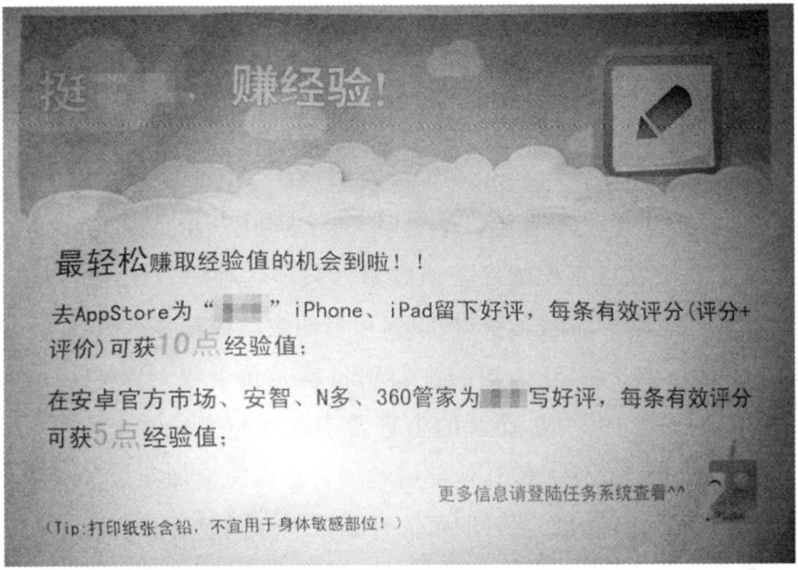

图 3.6　MK 任务

资料来源：作者实习时拍摄。

职级是 YX30，所以前三个季度的日步伐值为 2 点。在这九个月中，新员工通过参与完成一个项目获得 200 点经验值，完成一个任务获得 50 点经验值，在 KM 上发表文章获得 10 点经验值，日常工作被主管评价为出色而获得 20 点经验值。但是他因为违反工作规范而被扣除 15 点经验值。第三季度，他的经验值已经累积到 YX31 级，因此，他的每日步伐值增加为 2.125 点，同时还因为在 KM 上发表的文章获得点击量而增加了 5 点经验值。最终，他从第一季度的 YX30 级升到第四季度的 YX31 级，对应的经验值从 20 000 点升到 21 282 点，每月工资也从 5 000 元增长到 5 250 元。

虽然游戏厂宣称无论是岗职晋升(图 3.4 右半部分)还是大

类升职系统（图 3.4 左半部分），其主要评判标准是员工累积的经验值。但在实际操作过程中，游戏厂更看重员工项目经验值的累积，即员工在正常工作量之外额外承担的项目数量。例如，我在阅读游戏厂筛选下一任企业接班人培训项目（简称 WOW）资料时发现，游戏厂在筛选 WOW 培训人员的其中一个重要衡量标准是候选人做项目累积的经验值数量。只是这种项目经验值也并非靠员工主动加班就可获得，很多项目的主动权都掌握在主管手中。例如，小今在 2011 年的主要项目就是负责 WOW。这个项目预计在一年内完成，而她的主管希望她专心完成这个项目，所以并不希望她额外去接其他部门的项目来快速增加项目经验值，因此她在那一年的加薪升职可能性非常小。同时，因为这个项目的不确定性，即便是因为一些客观因素导致 WOW 无法在 2011 年顺利完成，甚至顺延到 2012 年才能完成，小今也只有在项目完成那一刻才能获得项目经验值。换句话说，小今个人需要为 WOW 项目的风险买单。

图 3.7 显示的是游戏厂的薪酬制度与经验值之间的关系。从中可以看出，员工的年终奖金与岗位经验值挂钩，额外的项目奖金来自项目经验值，而岗职晋升则取决于起始经验值、岗位经验值和项目经验值的总和。如上文所述，在大类升职体系中，项目经验值往往起到关键性作用。这个看似标准量化且明确的经验值体系实际上掩盖了互联网产业中的“薪资可协商性”，即新员工刚进来的工资/经验值/YX 级是由员工与人力资源部门谈判所得。以小今为例，作为名牌大学的工商管理硕士毕业生，她在加入游戏厂之前已经有三年大厂 HR 的工作经历，她加入游戏厂的

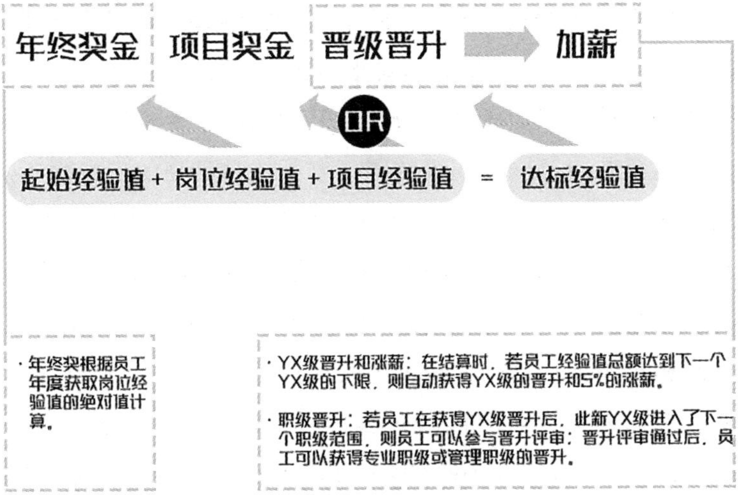

图 3.7 经验值的应用

资料来源：作者实习时获取。

YX 级以及对应的工资就是她与公司商谈所得。加入游戏厂两年后的 2011 年，她的年薪是 16—17 万元，平均每月税前 1 万元出头。但是和小今同样职位的杰哥即便是在知名外企从事过三年的 HR 工作，来到游戏厂以后的起薪只有 6 000 元/月。这两者的区别并不是根据“客观”“量化”的经验值体系标准来确定，相反，很大程度上取决于从业者与公司的协商过程。

即便是校招的应届毕业生，他们加入游戏厂的起薪也有所不同，起薪在很大程度上取决于他们与公司 HR 的对谈技巧。小珍的同学以 16 万元的年薪加入游戏厂技术类培训生项目，她的另一名同学则以 8 万元年薪加入游戏厂的管理培训生项目。小靓告诉我，面试排名在她前面的一个实习生就因为“报价”太高，导致最后没能进入游戏厂成为正式员工，而她则因为“报价合适”最终获得了职位。当然，如果起薪报得太低，除了加入游戏厂以后会因为经验值的累积较难导致很难升职加薪以外，也会有一些员工因为发现与自己同等职级的同事拿了比自己高的工资而不忿。尽管互联网各大厂如游戏厂都明令禁止员工私下泄露个人工资信息，但是人类作为社群动物的属性使得阻挡这类信息的流通是很困难的。比如，田田离职的其中一个原因就是因为发现学历和工作经历都不如自己的上司雯雯的工资居然比自己高出许多，而知名高校研究生毕业的自己居然拿着校招最低的起薪 5 000 元月薪。这种“灵活”“可协商”的工资体系在某些时候还会变成大厂之间人才竞争的一个强有力手段。2011 年 11 月的游戏厂正在推广一款名为 QK 的餐饮类签到优惠 App，为了抢占市场，当时的人事部门被下令用高于竞争对手 JP 五倍的工资从 JP 挖人，甚至连挖到人的游戏厂员工也会因此拿到相应的经验值。类似的事情也发生在 2011 年的社交厂：新浪给社交厂人员开出双倍的工资来挖人，当时几乎所有的技术人员都收到过相关的邮件信息。因此，大厂的工资在一定程度上并不与从业者的经验和工作强度成正比，在某些时候，它除了成为个人与公司之间协商的工具之外，还会成为公司之间竞争的一个重要手段。

3.3　暗藏玄机的福利制度——高管与普通员工之间的分水岭

根据游戏厂升职系统管理制度资料显示，大类升职体系中的专业岗位序列第七级“资深研究员”与第八级“高级专家”之间是一个重要分水岭：两者相差的不仅是工资，更有福利的差别待遇。高级专家以上的岗位享受的是游戏厂高管的福利待遇，这些福利待遇不仅包括国家基本福利，如五险一金的缴纳，还包括公司普通员工福利和高管福利。图 3.8 显示的是游戏厂普通员工福利。

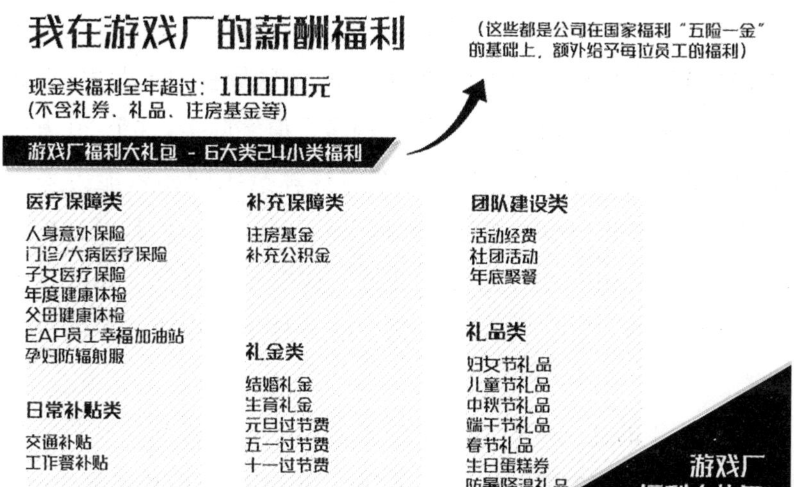

图 3.8 游戏厂提供给普通员工的公司福利

资料来源：作者实习时获取。

此外，“主管”以上的员工还有一项房车补贴，例如主管/资深每年有 1 万元房车补贴，副经理/研究员有 2 万元，经理/高级研究员则是 4 万元，以此类推。这些福利看似诱人，但实际上的发放形式暗藏玄机：以主管/资深的每年 1 万元补贴为例，游戏厂规定，房车补贴计划一共发放五年。也就是说，一名主管/资深一共享有 5 万元的房车补贴。但是这笔钱只有在他任职满三年以后，才有一半，即任职满三年以后发放 2.5 万元，随当年最后一笔年终奖一起扣税后发放。剩下的 2.5 万元只有在五年后才随当年年终奖一起扣税后发放。也就是说，至少要任职满 3 年的员工才能享受一半的补贴，这个条件在“一家大厂待满三年已经是常青树”的互联网产业显得颇为苛刻。

2015 年的橘子厂也有类似的买房补贴福利：在橘子厂工作两年的员工可以向公司申请 20 万元的无息贷款用于购房；工作满三年的则可以申请 30 万元用于购房。但实际上，这个 20 万—30 万元的无息贷款需要由专门部门核算员工的还款能力来决定，WLL 的一位同事虽然已经在橘子厂工作三年，但是经过核算以后，只被允许贷 20 万元无息贷款。这笔无息贷款会要求员工在五年内还清，如果员工中途离职，则会被要求在两个月内全部还清。

2010 年的社交厂普通员工的福利包括：中秋节发放两块月饼、一个橙子、一个猕猴桃、一个苹果。2011 年的福利则包括：周二周四发放一瓶酸奶或一个水果；晚上十一点以后可乐雪碧一块钱一瓶；中秋节发放一张味多美的 50 块钱的代金券；元宵节食堂提供半桶汤圆，员工可以自取。2015 年的访谈中，WLL 提到橘子厂的一种保险福利：每个员工可以自行选择每年交 80 元，公司会对应交 160 元，一旦有人生重病，则可从这个保险池中一次性取得 10 万—20 万元用作治疗费用。2015 年的橘子厂虽然以年终红包闻名，但是 WLL 表示这类福利都是不稳定的，与公司当年业绩密切相关。她在橘子厂工作的六年中只有三年有红包，剩下的只有“年终奖和月饼是稳定的”（访谈 33）。当然，也有不少大厂丰富的员工福利在业内广为流传，例如 2011 年网易有道的无限量供应水果和饮料，百度的太空球午休床，腾讯的每年一次员工东南亚旅行等。

事实上，游戏厂高管的真正福利并不在于这些金钱奖励或是节假日礼券。游戏厂总部的每个部门都有一个专门服务于高管的小组，比如薪酬部门就有专门处理高管税收福利的小组，员工入职部门则有专门的小组负责高管入职，我所在的培训部门则有专门的小组处理高管的培训项目。2011 年，游戏厂的五十名高管家中每周都会收到由公司快递过去的有机蔬菜和有机大米，这在食物安全与健康刚刚成为一个社会热门话题的 2011 年是颇为业内从业者艳羡的一项福利。这些高管每年的名医体检、小孩的教育经费、搬家费用等生活开销都由公司负责。家中大小事宜，诸如伴侣和孩子迁户口、择校入读等生活琐事都有专门部门负责对接。小邹在整理这些高管报销的发票时发现，有一名高管的小孩就读国际学校的每年十几万学费和平时的上千元辅导课程都由公司报销；一名高管高达 5 万元的搬家费用也由公司买单；甚至有一名高管因为和太太分居导致的户口迁出问题和家中房屋分割等问题都由小邹的小组来对接处理。媛媛则是专门帮高管群体解决诸如医疗、小孩教育等民生问题的专职人员。甚至不乏有高管在选择跳槽来游戏厂的时候提出配备专职司机与接送车辆的要求。

与之形成鲜明对比的是，普通员工的医疗保险和户口问题只能在每个月外包人员来总部的那一天亲自跑去解决。在很多情况下，因为资料的复杂性，他们往往无法一次性解决所有问题。文哥与我聊天时曾提及，他刚来游戏厂时，佩戴工卡的带子用的是上家公司的黄色带子，而这个颜色的带子在游戏厂是属于高管佩戴的。因此，每次他进门的时候保安都会远远地开始向他敬礼问好，这令他感到非常尴尬。游戏厂分明的等级制度从员工佩戴的带子颜色可见一斑：白色带子属于外包人员，蓝色带子属于普通员工，红色带子属于中层，黄色带子属于高管。关于高管与普通员工以及不同职务之间的复杂关系我会在下一章中进行具体展开，这里先不赘述。

3.4　一夕之间能实现财富自由吗——员工持股的迷思

互联网产业最吸引从业者加入的一点莫过于传说中能“一夜暴富”的股权了。业内最知名的相关信息莫过于腾讯自上市以后几次增设股权激励，用以挽留和吸引人才。2014 年，按照阿里上市开盘价 92.7 美元来算，阿里内部持股超过 1 756 股的很多员工都成为了百万富翁。[①] 百度在 2005 年登陆纳斯达克之时就造就了 8 位亿万富翁，50 位千万富翁和 250 位百万富翁。[②] 奇虎 360 更是以员工持股数超过 CEO 周鸿祎，上市之后员工人均持股市

①② 《互联网公司谁对员工最慷慨：阿里持 1756 股就是百万富翁》，扬子晚报，2014 年 10 月 10 日，http：//finance. sina. com. cn/chanjing/cyxw/20141010/103420502607. shtml。

值 284.6 万元成为诸多媒体争相报道的新闻。[①] 2020 年蚂蚁金服宣布将在上海和香港两地上市，因其架构中员工持股达到 40％，而被媒体誉为“史上最大造富运动”，更有媒体戏称“996”的福报来临：P7 以上员工即可分得价值数千万元的股票。[②] 但实际情况真的是这样吗？持有几千股原始股的互联网老员工们真的能在一夜之间实现财富自由吗？

2011 年，我在社交厂的两期访谈正好恰逢社交厂在纳斯达克成功上市之时。我的访谈对象中愿意透露自己持股信息的有四名从业者。其中，R、F、YL 都有持股，YQ 没有持股。R 和 F 算是老员工，持有 3 000 股原始股，YL 虽然是新员工，但是因为所在的广告部门属于社交厂“当红明星”，所以持有 500 股原始股。这类原始股可以一拆三，以 F 为例，他的 3 000 股原始股可以换算成 9 000 股股票，因为原始购入的价格是 4 美元，社交厂当年 8 月的股价在 8 美元左右，也就是说，他每卖出一股就能赚 4 美元。然而，这 36 000 美金盈利并不能一次性套现，社交厂规定，员工的原始股每年只能卖 1/4，加上缴纳 47％意外所得税之后，F 实际上每年到手的股票价值也就两三万元人民币。而且，这个大前提是社交厂的股价只升不跌。YL 的 500 股原始股购入价是 1.8 美元，但是社交厂在当年 12 月的股价已经跌到了 3 美元，因此她

① 《互联网公司谁对员工最慷慨：阿里持 1756 股就是百万富翁》，扬子晚报，2014 年 10 月 10 日，http：//finance.sina.com.cn/chanjing/cyxw/20141010/103420502607.shtml。

② 《蚂蚁集团上市估值万亿：40％员工持股 P7 以上至少分到 1000 万》，界面新闻，2020 年 7 月 22 日，https：//finance.sina.com.cn/chanjing/gsnews/2020－07－22/doc-iivhvpwx6855387.shtml。

的股票价值利润是1 800美元，按照每年兑现1/4和扣除税费的规定来算，她每年的股票收益到手不到2 000元人民币。

> “上市以后，公司的现金流一下子就充裕了。我听说上市以后公司套现了8亿美元，可以做更多的事情了……起码我身边所有的人都有一个感觉，就是我们的公司上市了，我们却什么都没有感觉到。”（访谈17）
>
> “互联网行业除了游戏公司以外，基本就指望着上市，通过拥有原始股或者期权来挣差价……上市那一天，是我最失落的一天。很多人原本幻想公司肯定会在上市前在内部再发一次股权，但是直到上市前一天也没看到公司有什么全民持股的计划。到了上市那一天，社交厂领导在社交网上发各种‘状态’，但是跟我们一点关系也没有，我们没有从上市得到任何好处。”（访谈19）

对于大部分的社交厂普通员工来说，公司上市并没有如媒体所报道的那样，为他们实现财富自由。与福利制度相似，享受公司上市带来的财富自由的只限于高管层面：

> “要不然你看黄××，原来是高盛上海的高管，跳槽来社交厂。这两家公司是一个档次的吗？只是因为社交厂要准备上市了，黄××作为CFO可以有很多期权，至少有7%到8%的期权，值很多钱。”（访谈22）
>
> “BB（橘子厂下属公司）本来就快上市了，大家都盯着

(期权)……专家以上会有(期权)。(专家是)技术类第七档(一共十四档)。我拿到的是当时补发的期权……"(访谈34)

"大家都盯着期权来橘子厂。现在部分技术人员进去以后会有(期权)。(我们进来六年了,现在)都没有(期权)……给不给期权主要看员工的层级和年限。"(访谈33)

"如何带走没有兑现完的期权股票要看你和人力谈判的结果。如果被发现(跳槽到竞争对手公司),你的期权股票就可能被收回。"(访谈11)

"公司给的股票卖的钱还不如我跳槽涨的工资多。而且我们一说离职,HR就和我们谈股票。比如说,你再多待个半年,就又能套现一笔钱了。我们再说走,他就又开始跟我们提股票。但给的股票比较少,加上现在股价又低。好多公司都是拿股票说事。"(访谈18)

当然,这里并不否认某些互联网大厂中的普通技术人员通过公司上市获利颇丰。但正是因为有这些先例,加上媒体对此的渲染,造成产业内许多技术人员抱着手握公司期权,坐等公司上市的心态,而失去对于产品创新、产业创新的最初期望,也造成互联网产业近些年逐渐呈现金融化趋势。我将在后文中对此进行详述,此处暂不具体展开。

综上所述,关于互联网产业动态剖析维度(见图1.2)中的"工作强度"和"薪酬"两个维度的衡量似乎显得未尽如人意:"自下而上的生产方式"和"主人翁精神"的盛行使得从业者自觉增加工作量;虽然KPI考核并不能与个人工作质量画等号,但仍在一定程度上促使从业者选择加班以及不断学习“新技能”；繁重的工作量之下，游戏式的管理体系使得报酬显得更为繁复，从业者往往需要承担额外的工作量才能得到薪酬的增加和职位的升迁；工资之外的福利和股权也往往是和“等级”挂钩，高管和普通员工之间的界限决定了工作量和薪酬之间是否能成正比。由此，关于这两个维度的衡量衍生了一系列问题：为什么从业者愿意承担与薪酬不成正比的工作量？仅仅是因为心怀“公司上市，实现财富自由”的梦想吗？那些未能获得股权的非技术人员呢？除了经济因素以外，又是什么动力促使互联网从业者承担繁重的工作量？

3.5 这么晚为什么还不回家——加班背后的动力机制

以加班为例，互联网中繁重的工作量有一部分原因是工作内容所需。例如，互联网中的一些软件升级带来的工作时间的延长就是技术类从业者经常需要加班的一个原因。互联网用户上传更新内容的时间点不稳定也会导致和用户数据相关的从业者的工作时间延长。KPI 所需的小组合作以及完成时间的灵活性也会导致一些技术类从业者工作时间的不确定性。但是，如前文所述，很多工作日的加班时间往往是没有薪酬回报的，这种一定数量上的“免费劳动”背后又有哪些动力机制呢？

1.2 节中关于“数字乐观主义”的介绍中曾提及巴尔鲁克(Barbrook, 1998)的“高科技礼物经济”(Hi-Tech gift economy)的概念。事实上，蒂萨纳·泰拉诺瓦(Terranova, 2004)在与巴尔鲁克的对话基础上提出了“免费/自由劳动”(free labour)一词。她强调,巴尔鲁克提出的高科技礼物经济概念在2000年初的互联网空间已经显得过于乐观,当时的互联网用户所提供的“免费劳动”不但包含巴尔鲁克提出的互发邮件和互助合作等行为,还包括建立网站、修改软件包、参与建设虚拟空间等为互联网资本贡献剩余价值的行为。无论是“礼物经济”还是“免费劳动”,这类论述关注的都是互联网用户不求回报、自愿提供劳动的行为背后的动力机制:前者强调的是网民之间相互交换、赠予、分享与帮助的精神促使了用户免费提供劳动的行为;后者强调的则是互联网产业营造的欢愉感、成就感和自我实现感导致用户免费提供劳动的行为。

这里暂且不论两者争论中关于互联网用户与资本之间的被剥削关系是否成立,也暂不赘述两者争论后续加入自治马克思主义关于非物质劳动的讨论。其中,关于用户自愿提供一定量免费工作背后的动力分析,诸如分享互助、欢愉感和成就感等非经济因素的强调,为本书分析互联网从业者加班背后的动力机制带来了思考路径。除却上述工作内容带来的工作量增加与工作时间的延长,从业者内部不同职务之间的关系也是加班背后的原因:小西就曾告诉我,游戏部门的外包员工就经常被游戏厂的正式员工要求留下来无偿加班,只因为外包员工在游戏厂是“二等公民”的存在。同时,从业者上下级之间的关系也日渐成为加班背后的另一动力因素:

> “可能是文化因素,我们公司还是比较推崇官本位的文化,而且也比较推崇激情。所以领导喜欢加班,很多人加班

也是为了表明自己的忠心。”(访谈 19)

“我发现互联网产业里面的人都有这些特点：上班比较晚，经常加班，晚上睡得也晚。我觉得大部分人加班是因为刚去公司没多久，虽然六点半就完成工作想下班，但是发现老员工都还在，就不好意思走，继续等到八点多有人走了，再一起走。还有一种人是因为刚过来北京工资不高，租的房子条件差，所以觉得待在家还不如待在公司，不但暖和还能免费喝咖啡上网。再剩下的少数人是属于比较积极的，他刚来可能想多学些工作的事情。有些老员工确实因为工作的截止日期快到了，有责任和压力去加班。但是这群人我觉得还是非常少的。主要是前两部分人。像我都会注意我们部门新人的下班状态，结果发现大部分人明显都是想走了，但是周围看了一圈，犹豫好半天，又去接杯水回来继续上网……渠道(部门)的领导我觉得是因为已经不做实际的工作了，所以特别能表忠心的，经常晒他手下的员工天天努力加班。我不知道他手下的员工具体做什么工作，但是他们都是很晚都不回家。”(访谈 17)

除了上下级之间的关系以外，F 上述所说的“待在家还不如待在公司”的观点也得到了 BCC、BXX 和 DEE 的认同。他们有些是因为北京家中的物质条件不如公司，有些是因为单身一人回家寂寞无聊，最终选择了每晚无偿加班。我在游戏厂第一天的观察笔记中就对通勤状况造成的上班时间的延长进行过类似描述：除了九点前搭上公司在地铁口的班车以外，住得离公司近的员工会选择骑电瓶车或者自行车去公司。但是因为电瓶车的充电接口有限，很多员工会提早到公司“抢占”充电口或是自带接线板。开车的同事也因为面临车位有限的问题，而通常选择 8:40 之前到公司“抢占”车位。当天的田野笔记中还曾记录了同组的同事因为大清早到公司抢占车位后实在太困了，就提早打完卡，又趴在工位上睡了一觉。因此，这些导致工作时间延长、工作量增加的非经济因素，诸如关系、性别、社会地位、社交网络等，都是现有关于“免费劳动”研究中未能涵盖的内容。本书下一章将围绕这些非经济因素组成的动力机制进行具体分析。

第四章

社会关系和保障性

承接上文,关于"免费劳动"的学术研究如今多关注互联网用户群体,诸如粉丝经济和粉丝文化的研究等。粉丝研究的开山鼻祖亨利·吉金斯(Jenkins, 2006)曾提出"融合文化"理论,乐观地认为当代媒介融合赋予粉丝极大的文化参与建设能力。然而,这类粉丝文化研究很快被批判声淹没。斯麦兹的受众商品论对电视观众将劳动时间免费投入资本再生产过程的批判在近期的数字劳动研究中获得了一批拥护者。类似于用户生成内容(UGC)、产销合一(prosumer、produser)等概念蜂拥而至。例如,格雷格·德·皮特和尼克·戴尔-维特福德(Peuter & Dyer-Witheford, 2005)关注电脑游戏玩家对于游戏的热情与创意是如何被游戏公司通过模组形式来利用到游戏开发与后期维护过程中,进而作为免费劳动力被公司剥削。这些研究启发了本章关注的互联网从业者社会关系中的第一层:互联网专业从业者与互联网用户之间的生产实践关系。

4.1　专业从业者与互联网用户之间的生产实践关系

2010 年，团购大战方兴未艾，淘宝网购如火如荼。社交厂此时正处于风生水起的阶段。随着国内互联网用户达到 4.57 亿，手机用户达到 3.03 亿的规模，广告成为社交网站变现的重要渠道，而与广告流量密切相关的用户体验则成为社交厂的重中之重。正是在这样的背景下，拥有北京大学理工本科和斯坦福大学设计学硕士的学历，加上一年在美国从事产品咨询工作经历的 J 被邀请加入社交厂，成立用户体验小组。在 8 月的访谈中，J 不断地向我强调社交厂对于用户的态度不仅仅是将他们当作广告流量变现的对象，更是将他们当作社交厂未来发展的重要变革者。对标腾讯的用户体验部门，他详细地介绍了用户体验小组所承担的工作：腾讯的用户体验部门任务划分非常精细，比如有专门一个小组研究产品在用户终端呈现的最佳颜色、像素、搭配和布局。J 认为这种对用户体验的极致追求正是他在社交厂组建用户体验小组所设想的。具体而言，他的小组通过网上邮件发放调查问卷，并通过深度访谈用户和组织焦点小组的方法来了解用户对于社交厂产品的需求和意见。当时刚刚涉足学术研究的我与 J 在抽样方法的优缺点方面相谈甚欢。然而，J 的这个“美好愿景”等到我 12 月返回社交厂的时候已经落空：用户体验小组因为人手不足以及无法产生即时效应，而被公司取消。有关于这类“愿景追求”与“商业利益”之间的动态关系，我将在本书稍后章节中进行详述。

自2000年以后，关于互联网用户的研究大行其道（Hills, 2002; Bruns, 2006; Jenkins, 2008; Wang, 2008; Ornebring, 2008; Van Dijck, 2009）。奥内布拉（Ornebring, 2008）就提出用户生成内容（user-generated content, UGC）的概念来强调用户在文化产业中的生产性实践。在粉丝经济和用户能动性研究颇为兴盛的2010年，众多针对YouTube用户的研究都强调用户自发生成的内容是网站资本生产的来源。马克·安德烈耶维奇（Andrejevic, 2009）则强调，这个劳动过程中真正值得批判的是在私有制条件下被转化为商品的“用户生成数据”（user-generated data），而非“用户创建内容”（user-created content）。此类论述时至今日仍是研究社交视频网站的主流，诸如对抖音、快手等短视频用户的研究和对直播播主的研究等。

这类研究素材在2010年的互联网产业中比比皆是：2010年，社交厂运营了一款名为“公共主页”的产品，主要针对各类小众文化发布相关信息、提供小众文化爱好者交流的空间，例如“火锅”“高跟鞋”“喜羊羊与灰太狼”等。这三百多个公共主页主要分为三类：明星或是专业机构运营，如环球时报；社交厂运营部门人员运营；感兴趣的用户作为志愿者主动运营。其中第三类志愿者是公共主页产品的主要运营者。这些用户除了在一些论坛的游戏或是产品板块向社交厂提供他们对于游戏的意见以外，还有一些甚至会主动跑去社交厂，和产品经理们交流意见。X在社交厂时就经常接待这些跑来提意见的用户。

“比如我们以前做过一个叫做‘古惑仔’的游戏。当时有

三四个大学生主动跑来公司和我们聊他们对这个产品的建议。”（访谈 7）

更进一步，当时的互联网用户出于对一些产品和公司的热爱而介入产业的生产实践，兴许是当时 YouTube 用户研究和今日众多的粉丝研究无法想象的程度。X 和 L 都因为是社交厂产品的重度用户，才选择加入社交厂。其中 L 任职的渠道部门有一个在大学推广社交厂产品的职务“校园大使”。这个职务的形式主要是一个学生代表驻扎在一所学校。他们的职责是监督和反馈社交厂产品在自己学校新增加的用户，以及对接商家通过社交厂在学校做推广活动和广告。对于很多广告商家来说，进入校园做地面推广会是一件费时费力费钱的事情，但是通过社交厂在每所学校设立的“校园大使”，他们可以顺利找到对接的学校社团，将活动办得不那么商业化，以降低进入校园的门槛和费用。R 举例说，2009 年有一个广告商家希望在全国 20 强大学进行校园推广，于是就找到了在这 20 所学校都设有“校园大使”的社交厂来承接这些活动。换言之，社交厂在校园的商业推广正是建立在“校园大使”这个中介角色之上。

那么，对于这些大使来说，他们为什么愿意加入这个行列呢？L 是典型的用户融入生产实践过程，并最终转化为专业从业者的案例。她从社交厂重度用户发展到成为她母校的校园大使，再进一步成为该省大使负责人，最后在毕业之后加入社交厂渠道部门成为一名正式员工。校园大使的工资每个月只有 500 元，和 L 当家教每小时 40—50 元的价格比起来，可以算是微不足道的收入。

虽然大使每年都会有一个评奖激励机制，但是奖金并不多，而且候选人还是通过社交厂渠道部门主管来推荐。也就是说，对于大部分大使来说，这份工作更趋近于"志愿者"性质，而非他们兼职谋生的主要途径。大部分大使加入的原因是出自对于社交厂产品的热爱。觉得社交厂"尊重"自己，是L愿意从事大使工作的重要原因，比如社交厂在安排工作时会考虑她的课程时间。大使的工作也很接近于她平时的社团活动。这让她觉得在为自己喜欢的社交厂做事的同时，还能帮助学校的社团评上"优秀社团"等称号，拥有一种成就感。和L有类似经历的大使不在少数，每年大概有三个以上热爱社交厂的校园大使甚至会从湖北、福建、广东等地自费赶来北京，参加公司的年度聚会。更有一些社交厂的重度使用者，因为所在学校已有大使，而主动联系该校大使，成为志愿者参与到大使日常工作中去。L自己更是因为认同社交厂具有"人文关怀"的企业文化(诸如过年过节给员工发一些小礼品等)，而放弃了另一家互联网公司的offer，选择了毕业后到社交厂工作。由此，社交厂的"校园大使"体系正是建立在用户对于产品的热爱和企业文化的认同基础上，将重度使用者转化为主动的生产实践者。这个转化过程恰恰是当下粉丝文化和粉丝经济研究强调的生产者角色的转换：传统的消费者在情感等因素的刺激下，主动加入生产实践过程，成为积极的生产者。

无独有偶，游戏厂中也有类似的将用户转换为积极的生产实践者的案例。游戏厂曾通过收购X文学而一举成为网络文学产业的巨头。X文学以玄幻和武侠小说起家，里面的编辑很多是从X文学的忠实读者、作者以及论坛站长中挑选而来。因为对X文学网站作品的热爱，这些从网站用户中发展而来的专业从业者可以算是X文学的“铁杆员工”：即便他们的工作量巨大（编辑不仅要负责挑选文学作品，更要对作者进行编号管理，这种管理更多地需要情感上给予扶持，比如帮作者启发灵感、构思作品，甚至要提供写作方向与材料等）；工作时间无限延长（因为很多作者是业余写手，只能在完成正职工作以后的下班时间来创作，所以编辑往往需要晚上下班后还保持QQ在线，时刻与作者沟通，甚至X文学的负责人每晚都会在QQ群里点名编辑）；且报酬与工作量并不对等（编辑的起薪统一是每月3 000元，这种待遇在X文学被游戏厂收购之后都未能提高，而他们的绩效奖励由所带作者的出名程度决定，因此显得非常不稳定）；但是，在遇到对手公司挖角的时候，极少有编辑选择跳槽离开X文学。在游戏厂一次部门负责人内部交流会上，网络文学部负责人小沙曾经提到这些编辑的特殊“属性”：他们中的很多人是和X文学一起走过十六七年的用户，执着于“创造一个更好的网络文学环境”，认为自己是“为网络文学而生”，而非单纯追求个人物质回报。他们甚至因此而发展出一个统一的口号“千秋万代，一统江湖”。

正是因为这些从忠实用户转化而来的编辑们尽心尽责地工作，X文学才从2003年创办以来，在短短五年间一跃成为网络文学中的巨头，并在2008年被游戏厂收购，为游戏厂占领网络文学领域打下基础。游戏厂或许正是看中了这些被完全吸纳进生产实践过程的用户的生产力，在收购X文学之后，还是将X文学创始人任命为负责人，以此让整个部门继续保持X文学创业时期的氛围。这种创业氛围在很大程度上维持了这些编辑们的“精神追求”，让他们继续“为网络文学而生”，通过保持巨大的工作强度而不在乎对应的经济报酬，从而实现“千秋万代，一统江湖”的夙愿。

相较于现今对于社交视频 App 上用户贡献的内容和点击量被转化为广告商流量资源的论断，2010—2011 年间的社交厂和游戏厂直接将忠实用户发展为专业从业者的实践似乎更为有力地验证了互联网用户积极加入产业经济的生产实践的论点。换个角度来说，对于粉丝经济和粉丝文化的研究来说，也许这类用户和专业从业者之间角色转换的实践可以为此类研究带来一些灵感，即在讨论用户参与生产实践的研究中加入产业内部结构动态的视角，将专业从业者研究与粉丝经济和粉丝文化研究有效结合。

4.2　互联网中的三六九等

罗斯曾在《无领阶级：人性的工作场所及其隐藏成本》(*No-Collar: The Humane Workplace and Its Hidden Costs*)一书中对互联网公司轻松、自由、平等的文化氛围进行了详尽的描述：伴随互联网提倡的信息自由与合作精神的衍生，互联网公司中出现“无领”的工作心态，产业鼓励一种“玩乐”的工作态度，并刻意营造了一种“与同事其乐融融”“上下级毫无分别”“工作与休闲毫无区分”的工作氛围。

图 4.1 是文哥带我参观游戏厂游戏部门的时候我所拍摄的环境照。图中类似于初高中教室的是游戏厂各个部门的办公室，每个办公室门口还挂着类似于初高中班级名牌的部门名牌。三

图 4.1　游戏厂游戏部门环境

资料来源：作者实习时拍摄。

栋四层小楼的中间是一个小花园，里面有假山池塘，还放置了一些木头桌椅供员工午休。图中未能显示的游戏部门食堂内部装饰风格也与课堂极其相似，甚至还将课堂桌椅放置成为员工就餐桌椅。总体而言，如文哥所说，“进到游戏部门以后就感觉回到了大学校园”。这种“仿校园风”的建筑正是游戏厂刻意为游戏部门员工营造的“轻松”“自由”以及“宛若留在校园”的工作氛围。为了避免引起人事部门的怀疑，我在游戏厂总部未能有机会拍照，但是我在进入游戏厂之后的第一天田野日记中就对环境进行了详细描述：

“整个公司几乎像是一个大工厂。主体建筑基本上是由原始的仓库改建，把挑高层分成上下两层，每一层都简单地用一些玻璃门隔开。楼上没有用墙壁单独隔开，而是采用开放式的铁栏楼梯，上面简单地用一些玻璃做隔断，导致楼上楼下的隔音效果非常差，几乎楼下人的正常讲话声楼上都能听到。楼下整层基本上都是办公区，所有部门都简单地用一些玻璃做隔断，同一部门的同事也是用三合板做简单的隔断。放眼望去，办公区域就跟散落在一片广阔的水泥地上一样。在里面时甚至大声讲话都有回音，如果一个办公区域的人稍微大声一点说话，几乎整片办公区都听得到，所以我发现很多同事讲话声音都特别低，几乎是那种耳语声。正因为整片区域是简单地由仓库划建而成，所以很多办公区域都没有窗户。尽管里面的空调一直开着，还象征性地在转角处放了一些绿色植物，但是整片区域进去以后给人的感觉就非常暗沉，所有办公区域几乎都靠灯来照明，完全没有任何自然光。公司的正门门口有一个小院子，院子里面有一个和我们在英国的博士生办公室里的白色顶棚一样的小顶棚，里面有几条长椅子，外面种着一些果树，那里被游戏厂员工叫做‘游戏厂果园’。据说之前天气热的时候，公司里面有免费雪糕提供，有些员工就会在下午四点拿着免费雪糕去果园里面休息一下。”

这种由仓库改建而来的办公室特意不做房间隔断，很大程度上是为了彰显“平等”的工作氛围：主管级以上的管理者并没有用单独的办公室来刻意区分与普通员工之间的距离；同事之间没有用厚墙隔离，使得各个部门之间的交流沟通在物理空间上没有障碍（当然，“副作用”则是正常交流声能“响彻全厂”，大家都选择“耳语声”交流）。但是事实上，这种“扁平化管理”的模式背后仍旧充斥着三六九等的划分。互联网的轻松、自由、平等氛围在不同职务的从业者之间的复杂关系中显得虚无缥缈。

4.2.1　高管之骄，技术之傲

在 2.1 节和 3.3 节中，我曾提及互联网公司内的“二等公民”外包人员这类职务，并在 2.1 节中对外包人员进行了细分：按照游戏厂上下班制度工作的劳务派遣人员和无需遵守游戏厂上下班制度的劳务外包人员。当然，产业内所谓的外包又分为两大类：小团队项目制形式的纯技术外包人员，一般都是工作强度极高、报酬也极高的从业者，如社交厂的跨平台游戏就经常外包给这些小团队，我的研究对象中的 DJJ 就属于这类；以劳务派遣和劳务外包为形式的外包人员，这类从业者涉及技术和非技术工作，一般都是工作强度与正式员工类似或是更高，报酬却较低的从业者，如游戏厂人力资源部门负责普通员工的医疗保险和户口问题的外服人员。本节中所涉及的外包人员多是后者。

事实上，呈现互联网产业内三六九等关系的最好方式是将游戏厂与社交厂的部门与职责图放入本书。但是，如我在“研究方法”章节中所述，因为互联网大厂部门与职责名称的特殊性，如果将两张图放上来，很容易暴露本书中所涉及的研究对象。为了保护这些研究对象，我放弃将这两张图放入书中，同时，尽量用“技术类”和“非技术类”这种模糊的用词来隐匿他们的个人信息与特征。

如图 4.2 所示，互联网产业内不同职务之间的三六九等关系基本是呈现金字塔状态：高管与正式员工之间隔着一类中层管理者，比如各部门主管或经理等，中层管理者除了是高管与普通员工之间的沟通桥梁以外，更重要的是协助高管管理普通员工。普通员工又可以分为技术类和非技术类两种，这两者之间并不平等。通常来说，技术类员工往往站的位置比非技术类员工的高。无论是技术类还是非技术类员工，在产业内都有对应的实习生与外包人员。同样地，技术类实习生的地位要高于非技术类实习生的地位，这在他们不同的薪酬待遇中可见一斑。以图 3.4 游戏厂的岗职体系为例，其中，高管对应的是“管理岗位序列”中的“助理总裁”和“专业岗位序列”中的“高级专家”以上的职级；中层管理者对应的是“管理岗位序列”中的“主管”到“高级总监”之间的职级，以及“专业岗位序列”中的“资深”到“专家”之间的职级；技术

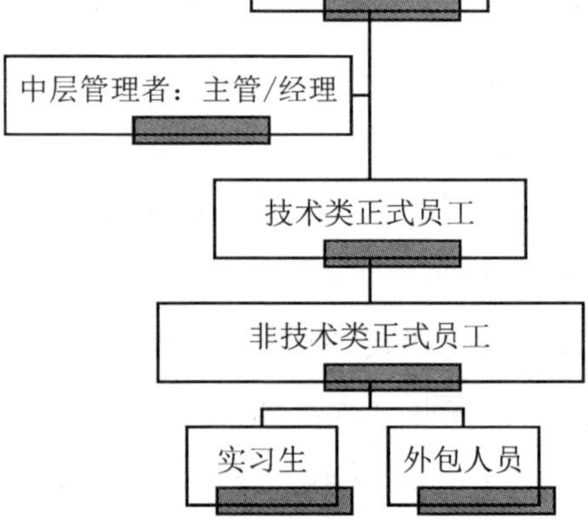

图 4.2　互联网产业中不同职务之间的三六九等

资料来源：作者根据田野资料绘制。

类正式员工对应的是“专业岗位序列”中的“初级”到“高级”之间的职称，非技术类正式员工则没有在“管理岗位序列”中；无论是技术类还是非技术类，实习生和外包人员都不在岗职体系之内。

高管在产业内的特殊地位由本书 3.3 节所描绘的高管与普通员工之间的福利待遇差别便可见一斑。造成高管这种特殊地位的原因，部分是国内互联网产业的业务架构不稳定。比如，月月曾提到，相比于可口可乐这类国际大公司，游戏厂的高管稳定性要差很多，其中最重要的因素是业务架构的不稳定性：可口可乐的行业性质决定了它的各国业务不会相差太多，比如一个高级经理在中国可口可乐和印度可口可乐的职责不会相差太多。游戏厂则因为通过收购来扩大业务规模，导致各下属公司和各部门的业务分布相差巨大。比如总部的总监就可能和游戏部门的总监以及网络文学部门的总监职责相差巨大。换句话说，游戏厂的高管属于一个萝卜一个坑，缺一不可。这也是游戏厂在每个部门都设置了高管服务团队的原因，以此来留住不可替代的高管。

另外一个重要原因则是极具中国特色的企业文化——对权威的推崇。2011 年 12 月 7 日的田野笔记记录了一件小事：人力资源部门一把手丁姐在前一天的课程培训中丢了一只手表，结果发动了人力资源系统几乎所有的中层管理者帮她寻找手表，理由是怕丢在公司，给同事造成阴影（同事以后可能会觉得公司不安全）。实际上，大家都知道丁姐是怕手表被公司的人拿走。正在所有中层管理者发动所有人力资源部门的普通员工和实习生们找手表的时候，丁姐家人打电话通知她，手表在她的睡衣口袋中找到了。得知这个消息的众中层管理者如同完成了一个大项目，相互拥抱击掌，还给丁姐鼓掌。当时阅读了大量西方互联网产业相关文献的我用带有疑惑与不解的口吻记录下了这篇笔记。这么多年后回头再看，我才终于发现，这其实是中国互联网产业区分于西方，甚至无法用西方既有理论来解释的一部分“文化特色”——对于领导、对于权威的推崇与拥护，无形间，造成了原应扁平化的内部结构分裂，最终形成了高管、中层管理者和普通员工之间的分层。

游戏厂坊间曾流传一个故事：某位业内稍有名气的高管跳槽入职游戏厂的时候，被一名普通员工拍照传到微博炫耀。结果这条微博被该名高管前任公司的人力资源部门看到，就联系该名高管，声称他违反了保密协议，即在辞职之后马上加入了同类性质的互联网公司，因此要起诉他。这个事件最终导致这名高管无法顺利入职。游戏厂高层一时震怒，认为这名普通员工泄露了公司机密，直接开除了这名员工。这个故事固然涉及互联网产业中限制特定人员自由流动的保密协议，但也体现了游戏厂中高管与普通员工之间的地位差异。

此类推崇领导权威的文化特色还体现在游戏厂因为大老板信佛信风水，而进行的一系列调整中。文哥告诉我，他所在的创新院从原来远离总部的独栋小楼搬来总部的原因，一方面是小楼的租约到期，另一方面是小楼的“风水”到期。因为迷信风水，游戏厂大老板的办公室就是根据专门的风水命理大师要求来布置，比如出于风水原因在大老板办公室门口设置的屏风。根据这位风水大师所言，创新院所在的小楼的风水在 2011 年 12 月底就到期，为避免公司最重要的核心部门沾上霉运，总部才特意清出一块空间，让创新院尽快搬离小楼。

夹在高层与普通员工之间的中层管理者则显得略微动荡。与高层的权威相比，中层管理者在管理技术类员工的时候经常会遇到障碍：在以技术为核心的互联网产业中，技术人员服从中层管理的一大因素就是“技术”。如果中层管理者的技术无法获得普通技术人员认可，在管理中又没有充分尊重普通员工，那么这类中层管理者就会遭遇危机。比如2011年8月的社交厂在上市之后，从其他互联网公司挖来了大批中层管理者。F所在的部门也空降了一个从微软过来的部门经理C。据F所说，C为人激进，喜欢改革，又不懂社交厂的业务架构，导致开局异常混乱。同时，C又在缺乏与老员工沟通的情况下，频繁调整人员架构，将原先合作一个业务的老员工们拆散，根据他的意愿重新组合从事新的业务。最终导致整个部门的老员工向大老板发邮件要求调走C，并威胁大老板，如果不调走C，整个部门的老员工会集体辞职。XD在和我讲述这个案例的时候，用了“策反”两字：

> “这就是越级策反。整个部门的人都说，C不走，我们走，最后他就被逼走了。”（访谈12）

这类普通员工“策反”中层管理者的例子在社交厂并非新鲜事，YQ在他的工作日志中就曾记录了两次他所在的部门员工用集体辞职来威胁高管调离在他们看来“没有技术”“不够格”的中层管理者。而为了管理这些技术人员，有些中层管理者会采用拉近距离，有意识地构建平等关系的手段。CQ说他的部门经理老袁就算家中有刚出生几个月的婴儿，也经常在下班后不回家，选择和部门人员一起在公司联机玩游戏，通过玩游戏的方式来“和技术人员混熟”，最终达到管理的目的。小西所在的游戏部门也经常有主管选择下班后留下来和技术人员一起加班，晚间还会叫上肯德基全家桶和技术人员一起吃。小西说这种氛围很轻松，大家也都很乐意留下来加班。简单来说，相较于高管受益于儒家文化中的“权威感”而稳固伫立于关系网顶层，中层管理者则需要通过和技术人员打成一片这种非直接管理手段来稳固他们在关系网中的位置。

图 4.2 的第二层关系是技术类正式员工和非技术类正式员工之间的动态关系。在游戏厂，技术人员与非技术人员之间的区分在起薪上一览无余：2011 年的技术类培训生年薪 16 万元，管理培训生年薪只有 8 万元。这种差别待遇也体现在岗职体系上：技术岗位（图 3.4 中的专业岗位序列）比行政岗位（图 3.4 中的管理岗位序列）的经验值上限要高，比如资深研究员的经验值浮动于副总监和总监之间。虽然技术岗最高只能到达相当于资深副总裁待遇的首席专家，行政岗位才能真正走到公司最高职级，但是这些并不妨碍游戏厂内的技术人员秉持国内互联网人惯有的“傲娇”姿态。2011 年 11 月 12 日，我在整理创新院搜索部门院长刘姐的访谈录时发现，她提到，公司在开发 K6 项目遇到时间紧压力大的问题时，居然有很多技术人员表示要退出项目，这让刚刚从美国互联网产业归来的刘姐非常震惊。她认为，国内互联网技术人员被“宠坏”了，正是国内互联网的高速发展造就了对技术人员过度呵护与估值的生态环境：技术人员大多抱着一种“此

处不留爷自有留爷处”的心态，甚至很多人认为跳槽可以涨工资。这种态度我在文哥身上也屡屡得见，茶余饭后他经常用一种略带嚣张的态度表示，他一点都不担心失业，即便在游戏厂待不下去，还可以跳槽去其他互联网公司，不但不用担心找不到工作，甚至工资还能再翻一番。

在社交厂，技术类与非技术类正式员工的区分则主要以部门为界：客服、审核和渠道往往被归为最没有技术含量的底层正式员工；HR是较上层的非技术人员；产品、运营、算法等技术人员则与这些非技术人员泾渭分明。在技术人员看来，渠道部门的人就是“贴个海报，管一些校园大使”（访谈10）。

> “武汉的审核团队和我们的风格完全不一样，文化上格格不入。（我们和他们之间的区别）相当于中国移动中的技术人员和客服人员的区别。武汉的审核团队就是呼叫中心的感觉，人工成本低。他们和我们平时没有交流，见面完全不认识。我们还有比较低等的，就是管校园大使的渠道团队。他们在北京和我们一起上班，但是他们的风格和我们也不一样。他们不是极客，按理说大部分不应该来互联网公司。我们认为能来互联网公司工作的人肯定都是在学院里面表现不错的人，但是没想到他们都是非常普通的大学里的普通人。所以说如果公司要分阶层的话，肯定还是审核团队和校园大使在最底层，而且他们甚至都不能算是正式员工。审核的工资待遇就跟客服一样。估计在武汉每月一两千元钱都足够了，我们这边都每月一两万元。”（访谈19）

"有点想法的人都不会在渠道干太久，会跳到产品运营。他们的领导完全不是一个互联网风格的人，就喜欢拍马屁，比如特别好友加大老板。能力比较强的人可能待一阵子就走了。估计他们是一两年都只拿四千块钱一个月。"(访谈10)

"渠道招来的可能就是在学校学生工作做得比较好的学生干部，属于特例。"(访谈12)

BCC所在的某大厂北京公司则只给技术类的研究生落北京户口，将非技术类的员工拒之门外。然而这种技术类与非技术类正式员工之间的鄙视链也不是固若金汤的，正如游戏厂的岗职体系所体现的，技术人员无法直接走向最高管理层。很多技术人员也意识到，在更广泛的社会语境下，有限的社交网络会束缚他们，使得他们在社会资源方面远不如非技术人员：

"一个正常人在社会里成长，收入和社会资源这两部分是同时增长。程序员是个跛子，只有一条腿也就是收入在增长。比方说很多年以后，一个程序员的收入可能比这个城市里面50%的人都要高，但是他的社会资源远远不如一个小学老师。"(访谈24)

"我觉得程序员做的东西是死的，销售人员做的东西是活的。销售做几年之后人缘会很广或者学到很多东西，会有更好的发展。但是程序员是学不到的，可能到了年龄大一点就没有销售吃香了。"(访谈27)

"销售是做市场的，需要跟人打交道，他们的关系最广。

我们天天就对一台电脑打交道，能有什么人脉呢？我们就是机器人。”（访谈 23）

因此，技术类与非技术类的互联网从业者之间的关系并不是简单的前者鄙视后者的关系，两者之间的关系需要放到具体的产业与社会语境下去探讨。同样的逻辑在图 4.2 的第三层关系中也一样适用：正式员工与产业内更为底层的实习生和外包人员之间的关系也并非是单纯的前者鄙视后者；反之，两者之间时而合作、时而抵抗、时而妥协，形成错综复杂的动态关系。这种动态关系一方面反映了当时的产业发展动态，另一方面也进一步推动了产业之后的发展。

4.2.2 底层之殇

“之前（作为校园大使的时候），我们也有一些去公司的活动，和公司的工作人员都有接触。他们对我们很亲切，感觉很轻松，很幽默。我们在社交网上也都会互相加为好友，有什么忙也都会帮一下，就跟朋友差不多。但也没有固定联系，上社交网的时候看到‘状态’会相互回复一下，偶尔也会开个玩笑。”（访谈 6）

L 在做校园大使的时候可能没有预计到正式员工，尤其是技术类正式员工对他们的态度并不如表面上看到的那么平等与友善。游戏厂的小珍和小邹却对这些友善的表面下暗潮汹涌的关系深有体会。前文所提的高管与中层管理者和普通员工之间的

“推崇领导权威”的关系文化在某种程度上被照搬到正式员工与实习生之间：杰哥是小珍和小邹所在小组的主管，他会要求小珍和小邹在每周参加部门例会的时候必须汇报当周工作，即便有时候小珍一周就上了一天班，带了一次新员工体检，也必须按照规定来做报告。根据游戏厂的请假制度，实习生请假只需要报备直属上司。然而，杰哥要求小组里的每个实习生必须在和直属上司请完假以后再与他请一次假，以此来显示实习生对他的“尊重”。这种正式员工在实习生面前树立权威的例子比比皆是：我所在小组的斑斑就很喜欢通过让我做一些她明明可以顺手做掉的琐事来彰显她的权威，比如 2011 年 12 月 13 日的田野笔记中我就记录了斑斑让我把一份文档中的英文删除，而实际上她将文件传给我、向我说明要求的时间已经完全超过了她自己将这些英文删除的时间。但是斑斑似乎在日常工作中非常享受能够“使唤”实习生的感觉。换句话说，普通员工从自己的上层关系——与高管或是中层管理者之间的不平等关系——习得了“树立权威”这一种关系文化，并将它延伸至自己的下层关系——与实习生之间的不平等关系。这种关系文化的习得与延伸在互联网产业中不同职务之间的关系网络中尽显无遗。

在日常生产实践中，实习生往往会成为正式员工的廉价替补。小珍所在的招聘部门有一阵子需要招收西班牙语和阿拉伯语专业的正式员工来从事翻译工作，但是游戏厂开出的工资远低于小语种翻译的市场价，所以迟迟未能找到合心意的正式员工。结果，公司最后让小珍将招聘信息改成招西班牙语和阿拉伯语的实习生，希望用三千不到的实习生工资来招到两种语言的翻译。

小珍也因为在应聘简历中写了“会平面设计”这一条，导致招聘部所有的 ppt 和海报设计全部交由她制作。对她来说，晚上回学校加班做海报已是家常便饭，甚至连她请假回学校的时候，部门的正式员工还会让她将海报带回学校制作。而实习生的这种加班加点是完全无法享受公司的“餐补”“车补”等补贴的，也无法进行调休。小邹的工作强度则完全是一名正式员工的工作强度，包括负责人事进出流程，比如新员工的入职程序和老员工的离职程序等。小邹所在的部门一直很缺人手，却从不招正式员工，反而经常招小邹这种实习生。全哥也曾在合作同事调离部门以后，要求公司招两个实习生来承担原同事的工作。

作为正式员工廉价替补的实习生自然需要学习十八般武艺。我当时所在的实习职位的前任晨晨据说曾被部门要求直接撰写集团管理制度。这对于完全没有任何经验和相关资料的实习生来说，简直是无法完成的任务。但是晨晨还是花了二十多天的时间努力完成了一份草稿，最终却因为部门所有正式员工对草稿质量的不满意而被骂哭。相似的一幕同样上演在我自己身上：我被要求撰写高管培训课程的课程推荐和课表设置，然而我既没有相关专业背景，又没有相关从业经验，最终导致我写出来的初稿也是被部门所有正式员工批评了一顿。小珍也曾被顶头上司芳芳责怪过她出的电话面试题目太过简单，作为“自己都是被面试的人”，小珍觉得这简直是“无妄之灾”。

几乎所有的实习生都发现，自己除了是正式员工的廉价替补以外，还是正式员工的“背锅侠”。小珍曾因为请假回学校期间未能接到来体检的新员工的电话，而被芳芳大加指责。事实上，当天应该负责此事的是另一名正式员工，小珍只是因为实习生的身份而做了“背锅侠”。正如小珍总结的，“只要一出什么问题，他们（部门的正式员工）第一个问的肯定是我，肯定要把责任推到我头上，因为我是实习生。”

然而实习生也并非仅仅扮演正式员工的替补队员与背锅侠的角色，这两个职务之间也偶有合作，或是“共谋”。前文已经提及，田田因为和雯雯、依依在日常工作中多有积怨，最终选择离职跳槽。但是她在离职后便经常私下联系小邹，言谈之间对雯雯、依依的日常工作动态多有关心，诸如游戏厂的入职人数、离职率、培训课程开设情况等。甚至有一次田田还让小邹帮她从游戏厂内部数据库下载资料传给她，最终还是因为小邹没有权限而无奈放弃。这其中，实习生小邹显然成了正式员工办公室政治之中的一个工具，田田对小邹的私下拉拢在某种程度上是用于办公室勾心斗角的一种共谋手段。

面对来自正式员工的推诿和利用，实习生自然不会坐以待毙，他们偶尔会采取一些小手段来表达抵触之意，实现自己的诉求。游戏厂的实习生就经常用相互帮忙打卡的方式来逃避游戏厂的规章制度：游戏厂的流程请假程序和结算工资的打卡时间计算程序是两套系统，两部分人员相互不了解也不常沟通。所以就算员工请了假，但是最后去打卡，还是能拿到当天工资。实习生恰恰是钻了这个空子，一旦有实习生请假，就会有其他的实习生帮忙打卡。比如我和小珍、小邹、小南、小靓就经常互相帮忙打卡。一旦有人请了第二天的假，就会把卡给四人中的其中一人，拿卡的人第二天早上照常帮忙打卡上班，请假的人只要在第二天下班的时候准点打卡下班，就能拿到这一整天请假的工资。就像小珍说的，“这一天的工资是我之前加班应得的，就算多打几天都还是便宜公司了”。小珍在我离开前的最后一段时间，因为忙于写毕业论文和找工作而无法继续实习，但是游戏厂又要求她找到下一个接替的实习生才能辞职，因此她最终选择的抗议手段就是请假一整个礼拜，进行消极抵抗。

但是这类集体性的抵抗不公正待遇的实践行为并不意味着实习生是一个整体。反之，实习生内部也有等级之分，也充斥着竞争与矛盾。实习生中的一个重要区分就是海外学历：游戏厂规定，实习生一个月工作 22 天，即 176 个工作小时。按照每小时 15 元的标准来算，一个全勤的国内研究生学历的实习生月工资是 2 640 元。但是像我这种海外博士在读的实习生，每个月除了饭补、车补之外，还有 1 000 元的房补。2011 年 12 月 1 日，我收到了前一个月 19 天实习的 3 999 元，而请过几次假，工作了 17 天的小邹则只收到 2 300 元不到的工资。同样的区分还发生在实习面试的过程中，作为小令内推的海外博士实习生，我只是经过一次简单的面试就顺利进入游戏厂实习，而 985 高校硕士在读的小邹则经历了一次部门电话面试、一次主管面试和一次丁姐面试，才最终顺利入职。实习生中另一个区分标准则是在于和普通员工以及高管之间的关系。这一点我会在本节后半部分详述。

2011 年 11 月 23 日，我在《周末画报》的一篇文章中看到对互联网产业中外包这个工种的分析。这篇文章将外包视作一种自由的新型劳动力，认为它是劳动者自愿选择以接项目的方式来工作的自由方式，即便以后想转入公司做固定职位也轻而易举，外包是未来工作的典范。与此类观点对标的研究有现在大为盛行的零工经济，对标的社会现象则更多，诸如斜杠青年、自由职业者、数字游牧民族等等。弗里德曼（Friedman，2014）关注美国零工经济崛起的时候指出，“灵活”“临时”的零工工作深受具有创业精神的年轻一代美国人欢迎。格雷厄姆（Graham，2018）团队通过对东南亚和撒哈拉以南非洲的零工工作进行跨地区调查后发现，平台算法技术管理为在线零工工作带来了高度灵活、自主、任务多样性和复杂性等特色。世界人工智能新兴伦理领域的专家玛丽·格雷（Mary Gray）和计算机科学家西德哈斯·苏里（Siddharth Suri）于2019年出版的《幽灵工作：如何阻止硅谷建立新的全球下层阶级》（*Ghost Work: How to Stop Silicon Valley from Building a New Global Underclass*）一书将为互联网公司和人工智能公司（如亚马逊、Facebook、谷歌等）从事诸如内容审核、字幕翻译、标注分类、服务咨询、维护网站及其他日常任务的“现代装配线工作”的人称为“从事幽灵工作的人”。这类“从事幽灵工作的人”事实上就是从事零工经济的人群，包括年轻母亲、被迫提前退休的专业人士、刚毕业无法找到工作的大学生、生活在发展中国家的少数族裔人群等。除了在书中展现这一大规模群体糟糕的工作条件（如没有底薪和福利保障、临时雇佣、收入少、工作无尊严等）以外，格雷和苏里同时也发现这些从事幽灵工作的人正在创建属于他们自己的沟通联系网络来分享与工作相关的知识和技能，他们正在创造雇主们无法赋予他们的工作环境。格雷和苏里同时指出这类工作确实为一些特殊人群，如残疾人、待业在家的人、需要照顾家人的人、没有工作经验的人等，提供了一定的机会，因此他们呼吁完善法律来保障这些从事幽灵工作的人。

本书前文将外包人员限定为按照游戏厂上下班制度工作的劳务派遣人员和无需遵守游戏厂上下班制度的劳务外包人员。在游戏厂，这些外包人员从办公系统 OC 上的称呼到佩戴工牌的带子颜色都被区别于正式员工，甚至区别于实习生。比如外包人员的带子颜色是白色，在 OC 上的名字前面会被加上 v.。他们的工资由第三方外包公司支付，远低于游戏厂正式员工的工资，也无法享受游戏厂的任何福利。因此，许多正式员工都看不起外包人员，外包人员也会比较自卑。游戏厂的游戏部门因为开发新游戏就会雇用很多技术类外包人员，这些"二等公民"和实习生一样，成为正式员工转嫁繁重工作量与责任的替代品。如 3.1 节展示的，正式员工会直接要求外包人员留下来加班完成小组工作。

游戏厂的人力资源部门也有大量这种外包人员。出于节省人力成本的目的，2011 年的上海大部分互联网公司都将缴纳五险一金之类的人力资源服务外包给如上海外服等几家大型外包公司。在当时的上海，这种由第三方外包公司组成的严密产业链使得一个员工从一家互联网公司跳槽到另一家互联网公司的时候，他的五险一金缴纳和户口问题等却是由一家外包公司转到另一家外包公司，甚至只是在同一家外包公司内流转。尽管人数众多，且与每个正式员工的薪酬待遇息息相关，但是游戏厂的外包人员如非必要，几乎不和正式员工有任何交集。如我在 2.2.2 小节中所述，即便我刻意接近，还是无法取得这些外包人员的信任而和他们逐渐熟悉。他们与正式员工和实习生保持的距离一直延伸到吃饭地点和时间的选择上：小西说游戏部门的外包人员几乎从来不和正式员工一起吃饭。我们部门的劳务派遣人员因为无需遵循游戏厂的工作时间，通常吃饭时间比我们早，下班时间也比我们早，所以他们几乎从来没有和任何正式员工或是实习生一起吃过午饭。这种作息不统一也再次决定了外包人员与上一层的正式员工以及同一层的实习生之间固有的陌生距离。

当我在我的田野笔记中用“吃饭”这个关键词进行搜索的时候发现，我的很多信息来源都是在中午吃饭时间和同事聊天所得。也就是说，游戏厂各个关系层角色的吃饭时间和地点的不同为我的观察带来了不同的信息来源。游戏厂所在的高科技园区在 2011 年的时候还属于上海较为偏远的地方，游戏厂周边几乎没有什么像样的地方能吃饭。游戏厂本身并没有设置单独的食堂，而是给每名员工一天 18 元的餐饮补贴，员工可以选择去游戏厂所在的软件园食堂就餐，或是相约去外面用餐。有趣的是，罗斯在 2005 年写作的《当产业都外移中国之后》(*Fast Boat to China: Corporate Flight and the Consequences of Free Trade — Lessons from Shanghai*)一书中曾提及他在该高科技园区做田野时候观察到的一个细节：他发现软件园区的高管似乎很喜欢在软件园区三楼的包厢中就餐，他就曾和访谈的高管在这种小包厢中就餐。这一点对于总是倡导平等和扁平化管理的西方互联网研究者来说，也许显得略微别扭。事实上，在 2011 年的游戏厂总部，高管们和中层管理者们大多选择三四成群，中午开车出去吃饭。正式员工或是选择结伴去软件园食堂吃，或是选择自己带饭到一楼公共区域热饭吃。实习生则大多结伴坐公司班车去地铁站附近吃小吃。为了获取多方视角,我曾选择与实习生吃遍地铁站附近所有小吃,也曾选择借着和小今的师姐妹关系加入正式员工的“饭局”。但是作为公司默认的关系网底层,与正式员工一起吃饭的代价就是,作为实习生的我需要为同组的主管热饭或是为大家在软件园食堂占位子。因此,罗斯在2005年描写的高管与普通员工之间在就餐环境中体现的疏离感,发展到2011年则变为通过就餐地点的不同呈现的权威关系架构。

本章一直所强调的动态关系决定了图4.2的等级关系并非一成不变。反之,最底层的实习生和外包人员通过一定渠道能转化为第三层的正式员工。就外包人员而言,非技术类的外包人员几乎没有任何机会转为游戏厂的正式员工。技术类外包人员则有一定名额可以转到游戏厂,这也是游戏部门的外包人员愿意接受正式员工将做不完的任务交由他们处理的一个原因:他们试图就此获取中层管理者的好感,以获得有限的转正名额。游戏厂的实习生在当时以“无法留下来转正”而闻名,比如文哥就曾和我抱怨过,他想让自己带的复旦大学的实习生在实习结束后转正,给他打下手,但是遭到了他部门主管的拒绝,理由是创新院节约成本,不倾向招新人,包括实习结束的实习生。事实上,往往有两种情况下的实习生得以在毕业后顺利转化为正式员工:拿到其他互联网公司 offer 的实习生;在游戏厂建立了“合适的关系网”的实习生。小珍在电话面试实习生的时候,就曾被芳芳要求询问对方是否有拿到其他互联网公司的 offer。在得知对方已经拿到淘宝 offer 的时候,芳芳就要求小珍录取这名实习生成为正式员工,理由是抢占淘宝的人才资源。而通过建立“合适的关系网”得以转正的实习生案例则来自我对小邹、小珍、小南以及小靓四人复杂关系的观察。

如我在表 2.2 所示，这四名实习生都是国内 985 高校的在读研究生。除了小南，剩下的三位都是从小城市来到上海就读研究生，选择了游戏厂作为实习地点。2011 年的游戏厂明确表示校招的名额非常少，尤其是非技术类的管理培训生岗位：当年，游戏厂在包括香港地区的全国范围内一共只招个位数的正式员工。但是在笔试那天，我发现除了当时还在游戏厂工作的实习生以外，之前来参加过实习的学生都来到游戏厂参加笔试。小今说，这是公司为了“奖励”这些实习生为公司做出的贡献，才邀请所有实习生参加这次校招的笔试。

在我熟悉的四个实习生中，小珍做事最为努力，第一轮笔试的成绩也最高。小邹和小南笔试成绩接近，小靓最低。但是小靓在实习面试的时候就被武哥以“小姑娘很漂亮，一定要留下来”为由，“钦点”进的人力资源部，所以在笔试面试的时候可以算是一路绿灯：即便笔试成绩垫底，但是由直属上司内推、校招的负责人私下谈话、武哥亲自面试，最终成功拿到游戏厂当年不可多得的正式员工入职通知。小南和直属上司萍萍的关系非常好，小南摸准萍萍喜欢下属奉承的性格，经常人前人后地夸她又漂亮又会管理。萍萍因为是新进入游戏厂的关系户，急于培养自己的亲信，因此也很维护小南。在笔试之后，小南第一时间找到萍萍，并在萍萍的关系网的维护下，也得到了校招负责人的私下辅导，最后在萍萍的保驾护航下，一路过关斩将，获得正式入职游戏厂的门票。剩下的小珍和小邹则因为没有人“保驾护航”，即便小珍拿到了笔试第一的成绩，最终还是未能成功进入游戏厂。在校招这段时间中，这四位平日一起吃饭午休、一起上下班，甚至周末还经常约了逛街娱乐的实习生之间充满了各种勾心斗角，从人前人后的相互诋毁到在面试官面前相互使绊子。这些观察内容无不向我展示着“实习生”这个群体内部充满矛盾的动态。

4.3 部门之争

游戏厂自成立之后展开了一系列收购兼并：2004 年收购 X 文学网；2005 年收购某大厂 19.5％的普通股股权，成为某大厂最大股东；2009 年收购某视频网站，同年分拆游戏部门在纳斯达克上市。这种跨领域的收购势必带来人员和部门结构的调整，也带来因源自不同公司、部门而导致的文化冲突。正如我在整理高管访谈录时发现的，有高管指出游戏厂内部存在“南北文化的冲突、职业经理人和创业者文化冲突、商业文化和文人文化冲突、游戏厂文化和某两大厂的新人文化冲突”。由于这种收购很大程度上是为了占有新领域的市场份额，因此收购后产生的部门与人员文化冲突往往导致被收购公司的人员成为牺牲品：这些员工或是选择离开公司，或是被总公司“逼迫”离开。

“比如一开始的时候你带了两个项目，但是过段时间之后就只剩一个项目。公司美其名曰是让你可以集中精力解决一个项目。再接下来可能会出现一个和你同一职能的员工，你们表面上是共同合作，但是实际上是这个新员工主导这个项目。这样你就属于被逼到尽头了。比较有志气的人可能主动离职，比较顺随的人可能就混着，只是工作得不舒服，反正之后是不会在公司有太大发展了。”（访谈8）

当然，互联网产业中也存在“反客为主”“鸠占鹊巢”的情况。社交厂在2011年上市以后引进了一批网易有道广告部门的人来加强广告业务。结果新成立的广告部门在把广告业务做起来之后，就和其他部门产生了矛盾。在把社交厂JAVA和C++小组的一把手挤走之后，广告部门的负责人WL接管了技术部门，技术部门原有的几员大将BX、ZB、GC都遭到不同程度的打压：BX作为之前C++的主力员工被清理到公司养老部门之一的运维部；GC原先负责相册业务，在完成了80%的业绩之后，被一封通告全公司的邮件直接撤职，最后被下放到分公司；ZB被调离原来的技术岗位，最后选择自行离职，加入前同事担任总监的小公司去做决策职务。ZB在临走之前戏称自己是“被淘汰的”，且“历史正在重演”：ZB上一家公司是一家旅游搜索引擎网站，2009年，该网站创始人因与投资方理念不合而离职，代表投资方利益的新任CEO取而代之。新任CEO到任之后就清洗老员工，声称老员工如果选择自动离职可以获得三个月工资的赔偿，否则后果自负。由此造成2009年该网站大量技术人员离职，加入其他互联网公司。

同时，WL还成立了项目管理部门，将原有的产品部门职责并入其中。虽然和其他部门的主要职能有所重叠，但是WL要求广告部门的所有技术人员不能和其他部门共享信息与技术，比如广告部的技术人员不能参加每周五产品部门的技术讨论会。

“底层没有什么斗争,就是稍微中上层的会有内部斗争。比如说任何地方都会有抢项目、抢功劳,只不过你刚进去是最底层的,没人搭理你,所以你感觉很单纯。比如互联网做技术的管理层之间每个部门和小组都得去争项目。高层来了要让自己的人当领导或组长,就会找一些原因把原来的经理给开除了。互联网根据公司分派,还有根据学校分派。比如说什么清华帮、阿里帮。他们可能就是经理带一整个团队直接跳槽到别的公司。”(访谈 26)

游戏厂更有高管在人力资源部的访谈录中建议高管的继任者职位不应从每个部门内部直接提拔,而应从外部招聘,甚至从其他地方调动。这就意味着公司对于部门之间的斗争秉持观望,甚至是鼓励的态度。

“在老板眼中谁都是工具。老板没有感情,他说得很明白,我们每天时刻都要淘汰十个人,就是时刻要有会被淘汰的感觉,卸磨杀驴。”(访谈 19)

3.1 节曾解释过社交厂的 KPI 考核对于员工工作强度的影响,实际上,KPI 考核还会加强部门之间的竞争:互联网产业中的很多产品都以点击率为衡量标准,这就导致每家互联网公司的各个技术和产品部门都有和点击率相关的 KPI。很多部门会因为所做工作对本部门的 KPI 没有好处，却对其他部门的 KPI 有好处，而选择暂时搁置。

> “各部门之间还是以各自利益为主。在公司里面也不好总依赖别人，有些事情可能对他来说没有好处。即便同事之间关系很好，但是可能他手上还有其他任务压着，你也不忍心找他，可能自己学更快。比如我刚来的时候做跨部门沟通，虽然对方只要加几行代码就够了，但是我花了一两个月的时间。在老洪那里干点活可难了，一月份的时候他说大家刚过年回来没法做，二月份的时候心还没收回来又没法做。因为他给我做的是支持性的工作，在业绩上体现不出来。领导不会因为某人做支持性的东西给他涨工资，所以大家都不乐意做支持，这是很正常的心理。借调别的组的成员也是同理，大家肯定不会借调老员工，都是给一些刚来的新手拿这个项目锻炼一下。我们的奖金包是增值量，也就是说我们今年如果做的和去年一样好是拿不到奖金的，必须要比去年多做一些，才能有奖金。所以大家都不乐意借‘地盘’，因为别人如果借你的‘地盘’发达了，你就饿死了。”(访谈 10)

如 YQ 所说，社交厂和游戏厂的技术部门 KPI 考核都是增量形式：今年制定的 KPI 必须比去年同期要高，只有实现这个较高的 KPI，整个部门才能拿到相应的奖金。这就导致部门主管都首先关注能直接完成今年 KPI 的工作，而对支持其他部门、于完成本部门 KPI 无益的工作多有怠倦。这种怠倦甚至是拒绝的情况也会发生在各个部门之间的利益相冲突的时候，比如J组建的用户体验小组和F所在的JAVA技术部门之间就在我访谈期间发生了冲突：

“用户体验小组是一个职能性部门，没有自己的产品。它的职责是保持整个网站风格的统一，保证良好的用户体验。我们不愿意听他们的。我的产品已经有几年的发展经验，现在突然空降一个用户体验小组，叫我改我的产品，我凭什么要听？比如说，我觉得现在App页面左侧的选择菜单特别丑，我们原来的设计非常漂亮，但是依照用户体验小组的意见，我们必须遵照全站统一的风格。我觉得意见可以接受，但是关键是你的意见得让产品变得更好。”（访谈7）

从F的抱怨中，可以很明显看到技术类部门与非技术类的职能部门之间的冲突：在技术和产品的具体设计上，技术类部门与用户体验小组的意见相左。这其中既有技术类部门多年以来的工作经验与用户体验小组新成立之后急于发挥作用之间的矛盾，也有技术类部门对于非技术类的职能部门的轻视。这种部门之争中同时还夹杂了上一节所说的上下级关系，尤其是高管的权威性：

“在橘子厂，像技术总监或者是副总裁这一级就够了，他们直接发一封邮件说这个项目什么时候要完成就可以了。

但是副总监这种级别的人在公司里太多了，两个副总监一起过来争就变得很麻烦。我会优先选择和我关系好的项目组去帮忙。”（访谈34）

可见，同事之间的私人关系以及“官高一级定胜负”的文化在部门之间抢夺人手完成本部门KPI的时候也会起到决定性作用。也就是说，图4.2中的职务之间的动态关系与部门之间的动态关系也会相互影响与建构，而从业者的工作量与工作时间也在这个动态建构过程中深受影响。

4.4 讨价还价的跳槽与黯然退场的离职

部门之间出于KPI考核压力产生的竞争关系不可避免地也会延伸到从业者个体身上。互联网产业的残酷竞争和因此导致的高离职率一直见诸于各类媒体报道中。2007年，全球最大人力资源咨询公司美世咨询调查发现，中国互联网行业是员工流动率较高的行业之一，其2006年的离职率是15.9%，行业员工在公司服务的平均年资小于3年。① 2019年脉脉全年数据显示，阿里员工平均司龄2.47年，是互联网企业中最长的；腾讯的平均司龄是2.28年，百度2.19年，京东1.86年。② 这一点在社交厂和游戏

① 《2006年中国互联网行业调查：员工离职率高达16%》，搜狐新闻网，2007年，http://news.sohu.com/20070405/n249208462.shtml。

② 《为什么阿里的离职率却是互联网公司中最低的?》，腾讯网，2020年，https://new.qq.com/omn/20200813/20200813A091OX00.html?pc。

厂也被普遍证实。

“社交厂的离职率属于业界领先，我们一个部门十几个人在一年半之内都跳槽了。原来做产品的六个人在一年半内全走了。技术人才走的太多了，整个平台没剩下几个做技术的了。我们每年都会照相，但是每年的人都不一样，每次team building出去玩的人都不一样……有段时间某大厂给社交厂的人开了双倍工资，我们都收到过这封邮件。让我很意外的是，老板开会说，我们是斯巴达勇士，我们有两拨波斯人，一拨是在深圳，另一拨在中关村。我们觉得这个说法很讽刺，因为这两拨波斯人都是自己的老同事。可以这么说，我觉得说某大厂一半的人是社交厂的人都是保守的。除了去蚕豆网、横横网，还有很多人自己出去创业的，一年半之间创造一个上亿市值的公司。”（访谈10）

“你上次采访的BH就跳槽了，好像跟他朋友去给移动公司做技术方案的外包。他来这里一年多就跳槽了。很多人学到东西以后就跳槽是因为觉得公司给的空间不太够。”（访谈21）

“我们这个行业跳槽特别严重，一年一跳，都属于正常的，有的半年一跳。有的是为了更高工资，有的是在这家公司待得不爽了，想换一个公司。”（访谈23）

“互联网是一个变化很快的行业，同行业激烈的竞争是对人才的需求。大家开玩笑说跳槽一次就是工资翻一番。包括我前段时间在找工作的时候也发现很多公司开出的offer都挺高。”（访谈34）

罗斯(Ross，2005：34－36)在书中写到，中国高科技产业的离职率大概在20％，跳槽成为一些有经验的从业者与公司谈判高薪时讨价还价的资本(第34－36页)。在4.2.1小节中，我曾提及技术类从业者大多抱着“此处不留爷自有留爷处”的心态，也深信跳槽是增加工资的一大途径。但是这种信心是建立在对自我技术的不断更新的基础上的。

“如果快的话，我觉得半年跳槽一次。因为互联网行业发展比较快，每年都会有很多更新。可能今年这个很火，明年又不行了，又火了另外一个技术。有一年flash做得特别好，后面一下就死，那些人就全部都转行了。”(访谈28)

“我们会惶恐，会有很强的危机意识。比如新来一个技术人员如果没有写核心代码，只是写脚本，他就会慌。我们是怕自己不优秀，因为不优秀的话去其他地方也不行。比如我们跳槽会知道自己值一个价钱，就会直接问，如果对方不给我可以继续找下家。但是如果我不够优秀，我就只能求对方要我，多少钱都行。所以我们都很希望自己优秀，手里有粮，心里不慌。”(访谈10)

“之前老袁总是让我们要有危机意识，比如这个团队要裁员的话你要想会是谁，如果想来想去觉得是你的话，那就是说你要努力了。”(访谈11)

如上所述，将跳槽作为与公司讨价还价资本的技术人员背后是他们时时保有的危机意识，以及在这种危机意识驱动下对于自身技术的不断学习和更新。这也就在无形之中加重了这些技术人员的工作强度。即便是在下班之后，他们也需要时时了解和学习最新的技术，以保证自己有足够的"资本"和"底气"去和现任公司以及未来的公司讨价还价。

与这些将跳槽作为资本的技术类从业者不同，普通的非技术类从业者更多的是黯然退场的离职。在游戏厂实习的三个月中，我跟着斑斑去找过几次网络文学部的 HR 对接工作，结果发现每次和我们对接的都是不同的 HR。斑斑向我解释说，因为待遇不尽如人意，网络文学部的职能部门流动率很高，之前和她对接的 HR 中做得最长久的才来了七个月。2012 年，当我结束在游戏厂的实习，回到利兹开始我的毕业论文写作的时候，我再次联系了小今了解游戏厂的情况，却被告知，包括她在内的人力资源部门一半的正式员工被公司裁员，每个人获得一个月工资作为补偿。取而代之的是，公司重新招募了一大批实习生来接管这些正式员工的工作。读过前文关于实习生的描述的读者，对此事件背后的原因自然一眼明了。

文哥有一次和我在公司散步的时候，向我介绍了创新院之前的"优越环境"：独栋小楼中除了有餐饮小食，还有台球室等各种娱乐设施随便玩。但是因为长久以来没有产生特别有效益的项目，导致很多技术人员都被裁员。之前坐满一整栋楼的技术人员，到现在只剩下总部一个大厅的数量。在我离开游戏厂最后一天路过那个大厅时，看到文哥他们在大厅角落一小片被隔开的空地开会时，回想起这段时间看到的各种"黯然退场"，不由得心生感慨：罗斯 2005 年在高科软件园调研时，坐在餐厅三楼的那个单独包厢聆听着这些技术人员的豪情壮志时，估计也未曾想到这些意气风发的背后还藏着一颗不敢松懈的上进之心，以及无法预计的“被迫离场”。

4.5 女程序员和培训班的“小透明”

罗莎琳德·吉尔（Gill，2002）通过对六个欧洲国家中125名新媒体自由工作者的调查，揭示了新媒体行业中存在的性别不平等问题。尽管新媒体产业一直以无等级和平等主义为标签，但是吉尔发现在教育、就业和薪酬方面，新媒体产业仍呈现出根深蒂固的性别不平等性。男性和女性在新媒体职业生涯中的一些明显差异，例如女性获得的有限合同数量，不能完全用个体差异性等此类理由来解释。此外，新媒体产品的非正式性、自主性和灵活性等特点更是加深了产业中的性别不平等性。大多数新媒体工作者拒绝任何让性别可见的话语，进一步造成性别歧视现象的自然化，所谓的新媒体平等主义面具下隐藏的是性别的不平等和不公正待遇。吉尔尤其提醒我们，那些基于项目制的零工经济中也同样存在着这类性别不平等问题，未来的零工经济发展必须正视并解决这些问题。

中国的互联网产业中自然也存在类似的性别问题。产业中的男女从业者比例不均衡问题可以从我的访谈对象中略见一斑：我在社交厂访谈的28名访谈对象中仅有6名女性，其中仅有1名从事技术类工作；而我在游戏厂观察中经常相处的21名非技术类职能部门人员中仅有4名男性。虽然其中不乏我受限于自身的性别导致观察中没有接触更多的男性职能人员，但是，两家公司中技术类工作多由男性从事，而非技术类工作多由女性从事的现象，是不可否认的——这是互联网产业中的一个典型缩影。即便是在女性员工占比40%，号称女性占比业内最高的阿里巴巴中，这些女性员工也大多从事行政类工作。女程序员在产业内的缺失似乎显得非常普遍。

> “可能一些公司的老板对女程序员有点偏见，觉得女程序员能做技术，但是做不了很高的技术。所以一些高技术的事情都是找男的做，基本女的就是打下手。那些不是很重要也不难的技术活会让我们女生做。”（访谈23）

这些从业的程序员认为，男女程序员比例失调的原因，一方面和社会建构的对生理性别的固有认知有关：传统社会文化认为，男性的耐受力和专注力在一定程度上优于女性，且天生对竞技类的事情更有兴趣，因此以写代码为主的互联网技术类工作在一定程度上更偏向于男性从业者。另一方面则和教育体系有关：互联网产业兴起之初的主力程序员都来自自动化专业，这也是如今的互联网产业中技术较强的程序员多毕业于清华和北京邮电大学的原因。即便发展至今，互联网产业中的技术类工作大多需要理工类专业的毕业生。而传统的中国教育体系中，高中阶段就已经进行文理分科教育，更多的女生往往选择文科。这就导致女性进入大学理工科接受教育的比例较为有限，自然就造成和理工科密切相连的程序员工作更多地倾向于男性。

“我已经在酷我待了几年，想跳槽，但是面试高级工程师的时候发现问的很多问题都很抽象，我自身能力达不到。之前我去面百度糯米团的时候也发现有一半的问题我都答不出来，所以我感觉我做后台遇到瓶颈了，无法再往上升，所以就转行了……女生对程序和代码感兴趣的很少，也无法将所有精力投入到技术中，因为我们很容易被谈恋爱逛街或者生孩子分散精力……我觉得男性有结婚赚钱养家的责任和压力，他们有动力。”（访谈 23）

吉尔在她的研究中指出，新媒体工作的工作时间长、不稳定，以及长期的不安全感等特点导致很多女性从业者选择不要小孩。而在中国互联网产业中，这种男女性从业者在技术类和非技术类工作中的比例失调，也或多或少地簇生了一种刻板印象，即女性从业者在互联网产业中更多扮演的是花瓶的角色。

“网上有一个笑话：一个男程序员遇到问题的时候，四周都没有人；一个女程序员遇到问题之后，后面围了一群男的。”（访谈 23）

“其实公司给男员工解决个人问题才是福利。有一种‘招福利’的说法，比如招漂亮女生做前台，当作给男员工的福利。”（访谈 10）

在 2015 年遇到 BXX 和 DEE 之前，我对互联网产业中的外包技术人员的认知仅仅停留于他们的两种分类上：小团队项目制形式的纯技术外包人员——工作强度极高，报酬也极高的从业者；以劳务派遣和劳务外包为形式的外包人员——工作强度与正式员工类似或是更高，报酬较低的从业者。和他们的交谈让我发现了外包人员进入行业的一个重要途径：培训班。

BXX是河北一所专科学校毕业的学生，毕业后被学校分配到天津实习，先后从事过工厂生产和销售工作。后来通过参加一期培训班，加入现在的外包公司从事P2P工作。DEE是河北一所普通本科学校设计专业毕业的学生，毕业后先是去广告公司从事设计工作，后来也是通过参加一期培训班加入互联网前端工作，最后才转到现在的公司从事P2P工作。2015年的北京，满大街的是这种IT培训机构，从Web前端到Python开发，从UI设计到后台P2P，几乎一有最新技术，就有大量的培训班开始打广告招生。以我访谈中接触的UI前端设计培训班为例，北京当时较为大型的培训班就有YL、ND、XH等，而SPP创办的前端设计培训学校时至今日也已发展为业内巨头。这类培训班的招生对象并不局限于刚毕业想加入互联网产业的非对口专业学生，也包括已经在互联网产业谋得一席之地还想继续更新技术的从业者，更包括那些慕互联网高薪之名而试图转行的社会人士。

“我有个已经离职的同事是1992年出生的，以前学的是心理学，跟互联网完全没联系。他转行到互联网之前去上了三四个月的培训班，现在做得很好……老同学刘某原先学的是化工，有一次突然给我打电话，说知道互联网行业比较热门，他想转行到互联网。我自己本身在大学其实没学多少东西，大学毕业之后我也是去培训了差不多五个月……老同学刘某问完我之后，去报了和我同一家的培训班。结果学完之后找了两个月没找到工作。”（访谈 23）

SPP 的培训班接收了形形色色的从各行各业试图转入互联网产业的学员们，比如幼师和保安。这些人多是在其他行业工作了一两年之后，听说互联网产业薪资待遇比较好，因此想通过参加培训班进入产业。DEE 指出各类专业的高校毕业生们正试图利用学校给予的实习时间，通过参加四五个月的培训班形式，加入互联网产业。为什么如互联网前端技术的培训班得以盛行？这与中国自 2010 年以来出现的创业热潮不无关系。

自 2010 年以来，互联网产业成为国内创新创业的热土。截至 2016 年上半年，中国新登记的企业数量已增至 262 万家。同时，中央和各地政府的相关政策与扶持资金更令创业热潮不断升温。例如，杭州市政府创建了名为“梦想小镇”的创业基地，为入驻创业团队提供贷款和相关扶持资金。根据《纽约时报》报道，中国市场在 2015 年获得约 490 亿美元的风险投资，而在 2016 年 8 月，国家发改委宣布将为新兴产业注入 60 亿美元的国家风险投资基金。尽管目前还没有官方数据统计中国互联网产业内的新兴创业团队数目，但其规模从相关媒体报道中可见一斑：根据《福布斯》相关报道，中国大量来自一二线城市，甚至三四线城市的“80 后”“90 后”年轻人纷纷涌入新兴创业市场，他们中的大多数人并不害怕失败，因为他们将创业（无论成功还是失败）视作人生的一种经历，并相信这种经历会为他们开辟更多的人生机会。

2015年互联网产业内的投资热潮已经从2014年高峰时期的“PPT融资热”逐渐褪去了几分颜色。这一年的投资人开始关注产品应用的呈现和使用效果，因此，与产品呈现直接相关的前端技术在这一年变得非常火热。如BCC所说，他们前端程序员的工资在这一年普遍都有所上涨。而创业培训UI前端技术的SPP在这一年也赚得盆满钵满。作为最早两批进入互联网图形界面设计业的资深从业者，SPP的访谈内容向我全面展示了这一领域培训机构的现状。BXX和DEE作为培训班出身进入互联网外包公司的从业者也向我提供了他们的培训班经历。从中，我发现培训机构运行中的种种问题加重了互联网产业中的不稳定性。

培训学校存在的第一个问题是教学质量：上文提及的几家大型培训学校因为学生人数众多且分布于各地，导致老师只能坐在一间教室，开几台摄像机进行全国实时播出。直播教室中有助教老师对学生的问题进行及时指导与解答。三个月的培训课程一般会由三名老师教授，学生需要在课后对每位老师进行评价。为了加深学员对自己的印象来提高评分，后面的老师基本上会推翻前面老师所教的内容，并对其进行批判，以凸显自己的能力。SPP甚至分享了他之前在这些大型培训学校中任教的一些小技巧：

> “教学上会有很多小猫腻。比如说，我最近不想教课程，就可以设计一个小考试，测一下学生成绩，一天就过去了。第二天我再点评一下，夸几个学生，骂几个学生。或者我安排一个小的提案，让大家两天内做完了，学生会忙得要死，也做得很认真。课程设计是很随意的。”（访谈30）

因为培训市场的火热，这种无法得到质量保障的培训却要价不菲：根据访谈者们提供的信息，截至2015年，市场上这种3—4个月的技术类培训课程一般要价1万—1.6万元。然而，北京大学的一项研究显示，2015年，上海应届毕业生的平均月薪仅为3 241元。显然，对于大多数应届或是毕业刚工作一年的大学生来说，1万元以上的培训费用不可谓高不可攀。为了吸引这些有志于投身互联网产业而又对高额学费望而却步的学生，有些培训机构甚至打出了“免费课程”的广告，即学生可以在找到工作以后再缴付学费。当然这种“免费”的午餐并不好吃，学生在事后缴付的不仅仅是学费，还包括给贷款公司的利息。

> “培训机构会通过贷款先给你支付学费。等你开始工作的时候，再挣钱还培训机构。培训机构一般跟贷款公司有合作。我们贷的那家叫XY。学校会跟我们说没有利息，但是我们发现这个贷款是有利息的。比如培训的学费是一万三千元，如果我不选择无息贷款，一次性付款是有优惠的，全款会优惠至一万元。实际上，多出来的三千元就是给贷款公司的利息。贷款的话，培训机构会让我们办一张银行卡，等上班以后每个月会自动从卡里扣钱。大部分学员是因为觉得自己干别的都不合适，也挣不到钱，听说互联网工资高，所以就干脆来上培训班进入互联网。但是大部分人手头又没这笔钱，又不愿意向家里要，正好学校说可以先学再还学费，学完以后还保证能找到工作，这样一听，没多想就去了。”（访谈28）

DEE 提及的“保证工资”事实上也是一些培训机构用来吸引学员的手段之一：除了不是人人都能如培训机构广告所言“保证找到工作”以外。即便是那些被保障分配到工作的“幸运儿们”，他们的体验似乎也不尽如人意。

“他们(D 培训学校)下属有一家 D 科技有限公司。D 公司先招人上班，会直接说你的本领不行，需要先培训。于是你被推到了 D 培训学校交钱培训。培训结束后，D 培训学校会把你推荐到一些公司，这些公司都是和 D 学校签约的。一个月承诺八千元的工资，试用期是四千元。但是不到一个月，你就会在试用期被开除。所以这个逻辑就是，D 学校保证了毕业后帮你找到工作，但是你因为自身能力不够导致你无法继续这份工作。”(访谈 30)

2020 年的今天，当我在知乎搜索“北京互联网培训班”这一关键词时，还是会跳出图 4.3 所示的这些分享被以招聘为名的培训班欺骗的经历。

诚如 SPP 所说，这些“有保障的工作”部分是由培训机构自行创造的。学生在找到工作时或是被迫支付再培训的费用，或是被介绍到相关利益公司以“半价”的价格工作一段时间后以“能力不过关”为由被辞退。不难看出，在培训机构这条“自导自演”的利益输送链中，这些学生扮演的不过是“待宰羊”的角色。那么那些逃脱“待宰羊”命运但又没有找到工作的学生们呢？他们是否能如培训机构广告所承诺的得到“退还学费”的结局呢？

北京有哪些以招聘为由骗你去培训的互联网公司？？？

最近找工作已经够心累了，每天不是在面试，就是在去面试的路上。然而，当你辛辛苦苦转地铁，找面试地点，去了发现是给你洗脑，让你贷款，让你交押金，让你去培训的骗子公司。。那么，北京有哪些以招聘为由骗你去培训的互联网公司？？？大家接触了哪些？？可以说一下。

关注问题　写回答　邀请回答　好问题 6　添加评论　分享　···　收起

4 个回答　　默认排序

匿名用户

65 人赞同了该回答

（1）、我的个人经历：

①、公司名：云逸互联公司

地点：海淀区中关村软件园4号楼云基地大厦地上三楼，地下一层也算的话，那就是4楼。

事件：

2017年9月27那天收到面试邀请，约了第二天下去面试。从收到面试的邀请那一刻就开始紧张的继续备战面试题。那天我坐地铁到西二旗地铁站，找了大约20分钟，终于找到了面试地点。

去了就是简单的作自我介绍，面试官开始问技术问题。问的一些问题基本上答上来了，有些题没答上来。聊了大约20分钟，总体聊的还可以（面试）。后来，他又拿出一套题（笔试）给我做，我就开始做题，做了大约20分钟，一些题目真的是做不出来了，就交卷了，拿给那个面试官看，他就看了2-3分钟，最后和我说10月11/12抽一天时间来参加复试（ps:因为中间隔一个国庆节和中秋节，放8天假）。昨天就和他约了一下，说今天14:30过去参加复试。今天就去了，就开始说什么岗前培训，需要培训3个月。当时我真的是内心里ccmb。培训机构就培训机构，我第一次过来你就直接说，还和我说复试，复试的时候才暴露真面目，真是mmp。但是真的是打他人，砸他东西的心都有了，但是想在中关村，外边又是保安，还有监控。我也没有什么把柄，还是想办法脱身吧。

现在想曝光，大家近期有找工作的可以留意下，这家公司千万别去。

图 4.3　以招聘为名的培训班曝光帖子

资料来源：2017 年 10 月 24 日知乎网友分享，https：//www.zhihu.com/question/66548229，访问日期：2020 年 8 月 25 日。

“有的培训机构会许诺，如果你找不到工作，他就退款给你……培训机构会假设你是已经找到工作了，又来骗他们退学费，所以会要求找不到工作的学员每天去培训机构打卡，连续打卡四五个月。其实打卡本身就是一种让人很受打击的事情。你想你每天都作为一个找不到工作的人去那儿打卡……其实就算没找到工作，也没有人会去向机构索要这笔钱的。”(访谈30)

不难看出，这种退还学费的方式利用的正是学生们的“羞耻心”：培训机构用一种逼迫学生承认自己是“找不到工作的失败者”的近乎凌辱的胁迫方式退还学费。这种方式往往使学生无奈放弃追回学费的打算。那么，那些在培训以后通过自己努力找到工作的学生呢？他们是否能“幸运”地逃过这些陷阱？

“现在掌控着互联网行业的那群人特别看不起培训学校的学生。他们觉得培训出来的学生就是金玉其外败絮其中。这就导致现在的学生毕业以后找工作不能说是培训学校出来的。要说自己是大学时学的，或者说从小就特别喜欢学，或者是在上一家小公司担任了某个职位，公司转型了你才来找新工作……优酷土豆给我们培训班的学生月薪只到六千元左右，实际上他们的平均工资是八千元。我的学生如果不通过我去找工作，至少能拿到八千元。优酷土豆知道培训班学生只学了三个月，太好复制了。”(访谈30)

时至今日，打开知乎输入“互联网培训班”，跳出来的搜索结果里第一页就是有培训班的学生在询问“本硕985毕业后去培训一年计算机，大方承认是培训班出来的能有面试机会吗?”“为什么很多互联网公司不喜欢培训出来的人?”“为什么一些公司招前端不想要培训班出来的人?”等话题。可见，即便是没有陷入“培训以后保证找到工作，否则免费退还学费”的陷阱，这些培训班的学生们在找工作过程中也是受尽歧视：他们必须在简历中隐瞒培训班的经历，否则就需要面临和同事做一样的工作却拿着更低工资的风险。这就造成培训班的学生们在培训结束以后，要么只能在小公司，如创业公司和外包公司（比如本书中的BXX和DEE）中从事强度大、报酬低的工作；要么只能在BAT中找到同工不同酬的低级别职位（如SPP所说的他的大部分学员们）。

与此类现象类似的研究有关于韩国的私人教育体系（private tutoring）的研究（Lee，2005；Kim and Lee，2010；Kim，2004；Kim，2010；Dang and Rogers，2008）。金和李（Kim and Lee，2010）指出，截至2006年，韩国家庭将国内生产总值的2.57%用于为中小学生请私人家教补习，与之相对应，国家对于中小学教育的投入占GDP的3.5%。尽管金（Kim，2004）指出，韩国私人家教的大量涌现是对正规教育供应不足和政府监管过度的市场自然反应。但是金（Kim，2010）也指出，民众对于私人家教的泛滥感到不满，希望政府实施政策减少私人家教，而各地政府的针对性政策确实对私人家教市场起到遏制作用。当和罗杰斯（Dang and Rogers，2008）进一步指出，韩国的私人家教体系存在一定问题，尤其是教师的受贿问题。同样地，本书中的互联网培训班的商业化叙事(诸如保证就业,传授最新行业技能等)实际上为资本在互联网行业中进行掠夺性积累提供了生产力——传统行业转行而来的人员和新近的高校毕业生。这些培训班正成为资本掠夺性积累的生产力孵化器。我们需要更多的研究去探究互联网产业相关的培训班发展现状和他们存在的问题,从而为规范市场的政策提供有效建议。

第五章

生产实践中的自主性

法兰克福学派代表阿多诺(Theodor Adorno)对于艺术自主性的探讨使其可以作为探讨文化工业下的创意自主性的先驱。阿多诺认为,艺术的自主性产生自艺术对不可化约的内在与外在冲突的抵抗。而在资本主义的运作下,艺术的自主性受到文化工业的商品拜物教的冲击而受困于结构之中。金(Kim, 2009: 128)认为自主性的探讨需要放在不同的背景下,例如从"独立或自决的同义词"(Koivisto & Valiverrone, 1996),到资本主义社会意识形态(以及文化)和经济之间的结构性关系(Johnson, 2006; Sparks, 1989),再到新闻实践与国家和/或企业压力的关系(Craig, 2004)。这种对自主性的不同语境下的讨论突出了独立和自由在人类文化实践中的重要性。因此,今天对于自主性的讨论不仅与阿多诺最初的艺术自主性有关,也与人们的独立职业实践以及他们在社会组织中的自由程度有关。

5.1 工作场所自主权

文化从业者的自主性是近年来文化生产批判性研究的重心(Banks，2007；Hesmondhalgh，2006；Hesmondhalgh & Baker，2010)。赫斯蒙德夫和贝克(Hesmondhalgh & Baker，2010：40)承认，一个人的一生不可能拥有完全不受任何限制的自主权(autonomy)。他们认为自主性不能简单地理解为不受他人影响的自由，自主性更多指的是"自行决定"的程度。他们将这种自主性分为两个部分：工作场所自主性(workplace autonomy)和创意自主性(creative autonomy)。他们所说的工作场所自主性，是指"个别劳动者或劳动者群体在一定工作情况下的自行决定程度"，比如对于工作场所的选择权和对于工作内容的决定权等。而创意自主性是指艺术、知识、符号创作等能够独立于其他决定因素的影响而运作的程度。赫斯蒙德夫和贝克(Hesmondhalgh & Baker，2010：39－41)尤其强调文化产业工作提供了高度的自主性。这早在索斯特里奇(Sosteric，1996)关于加拿大一家夜总会工作场所自主性的实证研究中就有所体现。索斯特里奇发现夜总会的员工享有高度的自主权，例如，他们被允许发展自己的个性化服务风格。这种高度的自主性产生了较低的离职率、有保障的工作质量和良好的客户与员工关系。现实生活中，风靡大江南北的海底捞管理模式也恰恰是通过提供从业者高度的工作场所自主性，来实现对员工的有效管理。

互联网产业中最大限度体现工作场所自主性的莫过于"弹性

上班制”。游戏厂的职能部门人员正常工作时间为早上九点到晚上六点，中间午休一小时。创新院的技术人员则可以有一小时的弹性时间，就是说，他们可以选择早上晚到一小时，但是晚上要加一小时班，补足八小时工作时间。当然，通过前文对于互联网产业加班文化的阐释，这类加一小时班的结果往往是半夜才得以离开公司。社交厂的技术人员也同样享有一小时的弹性工作时间。橘子厂的弹性时间则可以延长到半天，例如前一晚工作到凌晨一两点钟的技术人员可以选择第二天上午缺席，但是同样地，这类弹性工作时间还是以完成八小时工作为前提，甚至以额外的加班为代价。

“据我所知，现在一些大型的互联网公司都实行弹性工作制。就是说你可以选择晚点上班，只要把工作完成就行。有的公司是打卡制，只要打够八个小时，或者公司规定的工作时段就可以了。有的公司可能会规定九点到九点半作为一个弹性的时间。”（访谈 26）

“我们做技术的如果想请假，又正好遇上我们负责的项目到期了，就请不了假。因为我是对项目最了解的人，如果我不在，让别的同事去做就很费劲。所以说，像我们这一行，一旦有活，每个人差不多就属于不可替代的。”（访谈 23）

从上述访谈内容可见，所谓的弹性工作制在实际操作中存在很多局限性。比如技术人员工作的不可替代性造就了他们选择弹性工作时间的可能性会受到项目进度的捆绑。更不用说,弹性工作制造成的下班时间的延后很大程度上会造就从业者加班的现象。

互联网产业中的工作场所自主性还包括对工作内容的自行决定程度。前文关于 KPI 的讨论已经提及社交厂和游戏厂的从业者都可以和直属上司协商调整自己的工作内容和强度。但是这种协商的前提是,“奖金包增值量”的规定决定了员工今年的 KPI 制定必须高于去年的工作量。同时,因为个人的 KPI 是对小组 KPI 的包干制,小组又是对部门的包干制——以此类推,员工个人 KPI 的制定仍然是受到工作总量的限制。换句话说,互联网产业中的个人工作内容自行决定程度受到小组、部门、公司等各个层级的限制。4.1 节中,我曾解释过游戏厂的网络文学部的编辑们是如何从 X 文学的铁杆粉丝转化过来的。这些编辑愿意在低薪的情况下,承担巨大的工作强度(例如对作者进行编号管理,向作者提供写作素材与情感支持,下班时间还需在 QQ 上与作者保持互动等),其背后的动力除了对于网络文学的热爱之外,还有游戏厂延续 X 文学的传统:给予编辑自主的权力。网络文学部负责人小沙曾介绍,她吸收了 X 文学成立之初的“特色”,即给予编辑在决定作品以及与作者互动方面的极大自主权。编辑可以自行决定作品的情节走向、具体内容、网站是否优先推荐等工作内容,还可以选择与作者互动的程度。用小沙的话来说,这是通过给予编辑“一种权力,一种身份象征,让他们很大程度上得到满足,自然肯为公司拼命”。编辑们这种自行决定的工作内容中,自然也包含了一定的“创作与创意自由”。

5.2 创意自主权

赫斯蒙德夫和贝克(Hesmondhalgh & Baker, 2010: 43)指出了一个与工作场所自主性有关的问题:“工作场所自主性真的可以更好地理解为一种用以分散员工注意力的机制,以便转移他们对隐藏在工作生活表面下的‘真正的’剥削和异化的注意力吗?”这个问题与关于文化产业自我剥削的研究相一致(Du Gay, 1998; McRobbie, 2000, 2015; Ursell, 2000)。公共治理学派(governmentaltiy theorists)和女权主义学者麦克罗比(McRobbie, 2000, 2015)一直致力于对创意产业,尤其是时尚杂志产业中的“自我剥削”(self-exploitation)现象进行批判。在她看来,创意产业的管理主要通过赋予创意劳动者一定程度的创意自由和空间来实现他们的自我管理与自我压榨。麦克罗比(McRobbie, 2015)在进一步批判高等教育通过加强年轻人“自我管理”意识形态为创意产业输送大量创意劳动者的基础上,探索未来变革的可能性。通过对柏林时尚创意产业的实践性研究,她发现,社会型企业也许可以替代部分国家职能,成为一种新的“再分配福利”形式的治理方式,用以解决目前创意产业普遍存在的超时、低薪和临时不稳定性等问题。厄塞尔(Ursell, 2000)通过对电视工作者的自我实现的期望被公司用于提高生产效率的研究,强调由结构性因素造就的个体自我实现能力的不平等性造成了不同程度的自我剥削。班克斯(Banks, 2007)尽管没有用“剥削”去理解文化产业,也同样意识到公共治理学派提出的这种“赋予工作者自主权以实现创意管理”的现象。他认为，这种创意性的管理与授予从业者一定的自主权相结合，旨在“克服在这个竞争激烈和不确定领域的日常复制中可能出现的任何疑虑、限制或不利因素”(Banks, 2007: 55)。但是，他也指出，公共治理学派过分局限地将自主权理解为公司/管理者的诱惑，而忽视了创意劳动者的能动性(agency)与主体性(subjectivity)。

赫斯蒙德夫和贝克(Hesmondhalgh & Baker, 2010: 61－67)在他们的论述中将创意自主性又分为艺术自主性(aesthetic autonomy)与专业自主性(professional autonomy)。前者承袭了阿多诺对于艺术自主性的探讨，强调的是艺术与文化及社会价值联系的程度；后者强调的则是专业团体在资本运作的多重关系中对于职业自由度的追求，例如记者的专业自主权。他们认为，与文化产业密切相关的创意自主权更多指的是后者，即专业自主权。而本书在1.3节中对布尔迪厄的艺术自主性的讨论，强调了19世纪初以来，文化生产领域的自主性通过不同场域的资本转化，受到多种权力关系的动态影响。换言之，不管是艺术自主性还是专业自主性，强调的都是对某种文化产品或是文化实践的自由和自行决定权力的追求，以及这种权力与自由在既有权力架构中的实现程度。这些权力架构既包括市场商品化带来的对专业自主性的限制，也包括媒介商品化中的政策因素对于专业自主性的影响。

例如，小沙就曾提到，因为当时的媒体专家提出青少年网瘾问题亟待整治，他们网络文学部门就很担心这类提议会被政府采纳，进而对互联网内容进行整改。这就意味着，作者创作文学作品的自由度会受到重大影响，从而对这些作品的畅销程度造成影响。游戏厂对于政策法规的敏感性在公司战略制定中就可见一斑：公司战略的制定会根据互联网最新政策的颁布而随时更新版本。社交厂的游戏部门也有类似的专业自主性受到政策影响的经历：2010 年，中国网络游戏监管力度持续加强，当年颁布的《网络游戏管理暂行办法》规定，国务院文化行政部门直接负责网络游戏内容审查，并将聘请有关专家承担网络游戏内容审查、备案与鉴定等工作。这个监管政策的颁布导致社交厂的游戏部门自觉将涉及黑帮与赌博内容的游戏进行整改与删除，比如一款名为“胡来旅馆”的游戏改名为“胡莱旅馆”，一款名为“教父”的游戏被直接关停。同时，社交厂也有专门的政府关系部门负责解读最新的政策，以便调整公司产品内容与创意。

> “政府关系部门会和上一级专管单位去沟通联络某些政策问题，然后下发到我们这些作为执行的部门。我们就会按照他们的要求在工作中稍微注意一下。我们也不会不愿意执行，因为毕竟是做这个工作，就要遵守相关规定，就像玩游戏一样要遵守游戏规则。”（访谈 1）

为了应对政策中对于色情、暴力、赌博等信息的监管规定，社交厂通过政府关系部门向各个产品部门传达受限的内容范围，以确保产品设计与生产是在法律法规允许的范围内进行。同时，社交厂也设立了专门的安全部门对产品的设计与生产进行过滤。针对用户生产的内容，社交厂还在武汉设有大量的审核团队对这些内容进行审核过滤。

“比如我室友是管信息安全的，他们的过滤就有分类。比如有一个日本AV女优的类别就有7 300多个过滤词，如果用户发的日志里有其中一个词，就发不出来，不管是大小写还是拼音，甚至还包括好几种语言的。”（访谈7）

而对从业者创意自主性影响最多的则是媒介商品化中的内容商品化问题。从互联网产业的获利模式来说，它最直接的盈利方式就是广告。但是商业广告的直接推广会影响用户体验，导致用户流失。对于产品经理来说，用户体验感就是他们追求的创意自由，而如何在商业广告中平衡用户体验感就是他们的创意自主性所能达到的程度。

“虽然用户体验至上是一个公司的价值观，但是毕竟还是商业利益为先，没有不赚钱的生意。这个矛盾点必须要平衡，腾讯就平衡得很好。我们公司平衡得不好。比如主页做速度优化，老板说，你们速度提高多少，我就撤多少广告。结果速度提高了，广告一个都没撤。我们发邮件和老板说不能这样，我们还提建议如何去平衡，但是这些都没有被采用。”（访谈7）

“比如说‘应用’右侧有三个推广位，原先放的都是经过程序推算出来比较好用的应用。但是后来老板觉得这块可能是广告资源，原先投放的好应用可能没带来直接的收入，

所以现在就全部换成广告。原先那块是归产品开发部门的，现在就被归到广告部。”(访谈 8)

社交厂的产品经理 X 与 JAVA 工程师 F 的专业自主权主要集中于与用户体验感相关的设计上，比如上述的主页速度优化和应用推荐空间。而这种专业自主权在生产实践过程中受到广告资源的干扰，决策者出于对直接商业利益的追逐，通常会要求这种专业自主权让位于广告资源。换句话说，网页内容的高度商品化导致追求技术自由的专业自主性受到限制甚至阻碍。我在 2015 年访谈的 WTT 在游戏产业中的经历恰好是对互联网产业中专业自主性的最佳诠释。

WTT 于 2009 年自北方一所 985 大学的动漫专业毕业，之后进入动漫公司工作。但是当时的动漫产业几乎是靠国家政策和地方政策来养活，比如在中央台播放的动画片可以获得来自国家和地方政府的每分钟 2 000 多元的补贴，这就造成当时市场上的动漫产品重量不重质。WTT 认为看不到产业发展的希望，因此在 2011 年进入一家初创网页游戏公司从事美术设计师工作。2011 年的网页游戏市场已渐趋饱和，产业内已经形成了一套从研发到发行的完整模式。初创公司在当时的网页游戏产业内已经很难迅速发展，因此，在公司烧完天使轮的资金而无力为继之后，WTT 在 2013 年转行进入手机游戏产业。在先后入职了两家手游公司学到了管理与项目策划知识之后，WTT 最终和前同事拿着 100 万风险投资，在 2014 年创业成立自己的手游公司。2015 年，在我访谈期间，这家初创公司已经从 7 名员工成长为 12

人的小团队。

和众多正在创业以及希望创业的受访者一样，WTT认为财务自由是创意自由的基础：只有实现财务自由以后才能不为商业目的去设计产品，而单纯为了兴趣追求，比如艺术追求与人文关怀等。

> “接下来可能会考虑去做艺术类的游戏，比如说纪念碑谷这种非常艺术的游戏……一个好的游戏从音乐到画面到交互，都是经过精心设计的，就和电影一样，做游戏也是更高层次的愉悦感追求。我还有朋友在做体感，就是跟大屏幕交互的那种。有一个朋友之前想创业做公益类项目，比如教小朋友过马路这类。这些都很有意义，但是没有资金支持。所以说我们希望财务自由。像日本的设计师村上隆所说，艺术家必须得先有钱，才能按照自己的想法去做。”（访谈25）

但当时国内互联网产业的氛围则是，商业利益至上。即便是拒绝商业化的黑客们开发的IOS越狱程序也在当时被厂商们用于盈利，互联网产业推崇的自由和分享精神由此变得岌岌可危。以百度为例，它基于盈利基础的竞价排名系统就一直为众人所诟病：

> “最瞧不上的可能是百度的操守。尤其是搜索结果，比如我今天鼻子上起了个痘，搜索鼻尖长痘痘是什么原因，但前面几排全是竞价广告。Google跟百度不一样的是，Google

> 会给你一个公正的结果，百度则是谁给钱就把谁的结果放上去。百度目前靠搜索引擎广告业务来支撑它，对利润的追求已经扰乱了它的核心，也就是搜索结果的公平性。之前百度的莆田系医院广告的事情就是个例子。还有学术方面的一些搜索如果用百度，肯定也是广告在最前面。”（访谈 25）

2016 年 5 月，百度因“魏则西事件”股价大跌：曾为西安电子科技大学本科生的魏则西，因为就医于百度推荐的“武警北京市总队第二医院”而于 2016 年 4 月 12 日身亡。这个事件不但引发了舆论对于百度在医学信息竞价排名中审查不严的声讨，还牵扯出莆田系民营医院存在的一系列问题。网民以转发“远离百度”相关的文章表达对百度的愤怒，人民日报则以“魏则西之死，拷问企业责任伦理”为题责问百度。[①] 此事至今仍为百度竞价排名恶果的一大例证。

WTT 在创业之后，对这类商业氛围对创意自由的侵蚀有了更为直观的体验。相较于国外较为开放的平台，国内互联网更为封闭与竞争的商业环境在很大程度上限制了从业者的创意自由：以游戏设计中用以推广游戏的社交网站分享为例，国外的 Facebook、Google play 和 App store 往往是兼容的，用户可以自行选择在任一社交平台上与好友分享游戏。而在 2015 年的国内互联网产业中，安卓市场上的各类平台相互排斥，比如微信、百度、

---

① 觅云：《魏则西之死：百度广告竞价和莆田系引争议》，2016 年 5 月 2 日，https://www.bbc.com/zhongwen/simp/china/2016/05/160502_china_hospital_search_engine_baidu。

360、豌豆荚等通常互不兼容。这意味着不同渠道上的游戏必须有不同的版本，也就随之导致游戏生产者开发一款游戏需要维护十几个版本，最终只能无奈删除游戏中“多余”的功能，只保留盈利最高的部分。App store 的推荐也同样存在着商品化限制创意自由的现象：游戏获得 App store 推荐位的决定权在于编辑，是否能获得编辑们的青睐则取决于写给编辑们的陈述理由的邮件是否对编辑的胃口，能否获得编辑们在测评中对游戏的好感。获得编辑们好感的游戏才能获得 App store 中的推荐位。这就意味着编辑的口味限制了从业者们在游戏设计中的创意自由。获得 App store 推荐位的另一方法是砸钱刷榜——买一大批假用户将游戏刷到排行榜的高位，从而让更多用户看到。同样地，这种购买僵尸粉的行为也变相地压制了从业者的创意自主权。而国内的越狱商店也效仿了 App store 的测评模式，对上架的游戏根据其可玩性、技术性、画面感等各项标准进行评级。等级由编辑们评定，从高到低分别是 S、A、B、C、D，对应的是从几万到几千不等的用户导入量。对于 WTT 这类刚创业的小公司来说，这种人人都有位置，人人都有成长的模式提供给他们一定的成长空间，但是编辑们的较为主观与独断的测评形式同样成为限制创意自由的一个因素。

即便是对产业中的商品化现象颇有微词，WTT 最终还是选择与其妥协。他坚信市场的自然选择与淘汰规律，认为不合理的商品化最终会被新的内容所取代。他也相信自己的创业行为是在利用商品化的规则，在第一年营收 150 多万元的基础上，只要来年再继续融资，扩大营收规模，很快就能实现财务自由，进而继续去追寻创意自由。

“现在我们也要指望他们(渠道厂商)吃饭。因为我们做完的产品需要放到渠道上去销售，就要跟他们合作……不商业化的话你怎么做大，人是需要商业化的。如果没有利益和商业化，怎么可能调动几十万人一起做一件伟大的事。如果大家全拿互联网精神说事，就成就不了苹果这种伟大的公司。”(访谈25)

WTT的创业经历中体现的商品化与创意自主性之间的矛盾与抵抗引发了一个问题：在人人都梦想创业的互联网产业中，创业究竟是创意自由的实现途径还是“商品化”新的代名词？

5.3 人人都有一个创业梦

“这个行业的从业人员都是一群很聪明又有激情的人，包括很多人曾经是想创业的，抑或是以后想创业的……我们部门之前就有三四个出去创业的。比如说我们部门是做social game的，之前就有同事离开自己去做social game的。拿开心农场举个例子，这是我们几个小伙子从2008年开始做起来，后来做到有一定用户以后就卖给了VCP公司，带来了相当多的业绩。每个人都会有心动的时候，同样做游戏，你也会想不如我自己出去做，一旦火了，就有很大的收益。我这样讲，大家精神上都有这种事业心和抱负心，经济上也

是有追求的。”（访谈3）

“人三十岁以前不创业一次，你好意思说自己搞互联网吗？我们都是冒险家和投机者……一定要创业一次，失败就失败了，回来大公司继续当个中层……”（访谈10）

“终极梦想肯定都是创业。”（访谈23）

“我怎么也得在北京买了房，买了车。终极目标就想着自己创业。”（访谈27）

“现在我有一个小目标，就是自己做一个小产品让大家用着觉得比较好的那种，也是类似于创业。”（访谈28）

“我觉得中国人也有很大一批爱折腾的人。有一些人在一个很安稳的时代，挣了一些钱，觉得没有意义和价值，就出来创业了。最近就有很多大佬离职出来创业，像当年中央电视台的马东离职出来到爱奇艺做了奇葩说。在爱奇艺做得差不多了，又从爱奇艺离职，成立了自己的公司专门做内容，给各大视频网站提供内容。这可能也是互联网保持活力的一个因素吧，每天都有新的人站出来折腾，比如原来畅游的高层王一就出来创业了……创业是为了突破自己，实现更大的价值。”（访谈25）

在28名受访者中，除了6名女性受访者以外，剩下的22名男性受访者或是已经在创业的，或是将创业定义为在产业内的最终目标。然而创业不易也是这些从业者的一致感受。2011年8月，时隔一年半以后，当我再次找到F时，他已经从社交厂辞职加入朋友的创业团队。他给我算了一笔创业基本成本的账：

> “我们现在的办公室一个月的租金不算水电是两万多元。用电一天50度，民用电现在是一度4角钱，我们一个月差不多要付750元钱电费。光这个成本就够我们养一个中层人员了，相当于一个有五年工作经验的技术经理。”（访谈8）

2015年，创业成立UI设计培训班的SPP在北二环租的办公室月租金是5万—6万元。WTT在这一年的创业过程中还发现，企业需要缴纳的税种虽然有所减少，比如增值税和营业税已经合并，但是税费却仍然维持在盈利的3%—17%。这些还不包括企业所得税和房产税等。

> “我之前非常想拉过来跟我合伙的一个朋友，因为小孩要上小学，就只能买学区房，一个月要还一万五千元的房贷，就没办法和我出来创业。”（访谈25）

也就是说，在互联网产业，创业的经济成本远高于任职于大小公司中的薪酬，这也间接导致了许多创业公司因为急于求利而无心创新，最终导致产业趋向于金融化与垄断化。这部分内容我会在下一章中详述。但是即便创业不易，还是有许多从业者将创业定位为终极目标。在这些从业者心目中，创业除了是实现自我价值的途径以外，也是实现财务自由的一条路。自我价值的实现主要是指两方面：或是通过创造新产品来获得成就感，或是通过解决升职天花板的问题来解决对自我能力怀疑的焦虑感。

“BAT这种大公司的话，虽说看着比较开放自由，但是越往上的位置其实越少。如果无法往上走，又不想被管，就只能去创业。如果是一个传统行业，比如老师或者公务员，可能需要花五六年才能往上升一级。互联网不一样，甚至每年升一级都有可能。比如我们那里有14级，很多人进去之后就是P5，从P5到P8基本上就是每年升一级，但是继续往上就很难了。很多人习惯了这种高速上升，突然平稳下来就会怀疑自己是不是在倒退，是不是公司无法给自己更多空间了，就会选择出去创业。反正有一些股票可以作为创业资本，既然公司无法给我更多空间，我就自己去做老板。”（访谈34）

BHH所说的升职天花板带来的焦虑感在我调研互联网产业的那几年中一直贯穿于各类从业者群体中。这一点与将跳槽作为和公司讨价还价资本的技术人员时时保有的危机意识（详见4.4节）类似。正是在这种危机意识与焦虑感的驱动下，从业者们才会通过不断学习来更新自身所掌握的技术，才会通过试水创业来证明自己的能力与价值。

BXX在外包公司做后台技术工作之余，还自己开发了一款产品，用他的话来说，做这款产品的目的并不是赚钱，而是将自己从日复一日的以赚钱为目的的外包工作中解放出来。

“我做这个东西是免费分享给我们之前做设计的那批人的，根本就没有盈利价值。我觉得这样的话，自己会过得有一些成就感，不像挣钱的机器。我感觉自己像一个工匠在做一个产品，做出一个特别好的东西，大家都可以用，自己就特别有成就感。”(访谈 27)

DEE 则将这种成就感进一步明确为通过分享产品，得到同行的认可。

“他们的想法都是，我要做一个让别人一看就觉得特别方便好用的东西。好多人都会有这种想法，因为这样有成就感……好多人都爱把自己觉得很牛的那些东西发到博客上。其实有时候我也会觉得一些比较好的东西可能很多人都不知道，我就要放上去，让别人都知道。”(访谈 28)

“我们培训班的学生都希望自己很牛，自己的团队很牛，有很多人在用自己做的东西。我们正是一群被低估的正在往上面走的人。我们要很认真地去做一件很有意思的事情，所有人能感受到。通过整个团队死磕一件事情，使整个团队呈爆发式地往上走。这个行业里边太多人不认真做事了。你可以说得更高一些叫情怀，说得更浅一些是为了显摆，我能往朋友圈里边发一个。”(访谈 30)

“很多程序员并不是没有理想，并不是说他们就只是为了挣钱。他本来是抱着理想去公司的，但是公司给了他类似期权股票什么的承诺以后，这个承诺就变成了他的驱动力。事实上他内心可能还是愿意看到一种成就，而不是承诺。就比如说他做的东西创造了价值，不管这个价值是改善了自身

的生活还是在这个行业中产生了一定影响力。做技术的人，多多少少都需要这种成就感，也有这种追求。”(访谈 31)

班克斯(Banks，2007，2010)将这种成就感认定为文化产业工作的内在奖励，它与外部奖励(如金钱、地位和权力)一起激励了文化产业从业者忍受工作中的不利因素，而继续投身于产业的资本累积中。事实上，在近些年的文化产业研究中，确实存在着平衡批判视角与产业愿景的趋势。类似于成就感的内在奖励还包括实现某种理想主义，如艺术自由、创作自由、社会关怀等。班克斯甚至预期此类理想主义的实践将最终引领一种“非资本主义的经济模式”(Banks，2010：265)的产生与运作。而互联网产业中的创业实践显然并不属于此类“非资本主义的经济模式”。

“我喜欢的是创业成功，所以要挑一个最容易成功的领域。创业成功就是你要改变一些东西。比如说你提高了这个行业的成本效率，顺便挣到了钱。就像滴滴打车，用户出行的需求是天然存在的，他只需要重新整合供应链和服务链就可以了。你两年前在北京还打不到车，现在能很方便地打到车了。但是如果这个不赚钱，你肯定不做它，还不如做 NGO。我现在这个阶段的目标肯定是挣到钱，主要是图利，顺便看看能不能获得一个江湖地位。比如说现在的公司如果能回购我的股票，给我一个比较好的价格，我是会马上离开。因为我想先挣到足够多的钱，让我日后做一些事情更方便……现在来说什么时候能退股，能退多少钱才比较重要。”(访谈 29)

"我们做一款产品的话，除了面向客户需求，肯定还考虑赚钱。不能说我只为了赚钱，或者我只为了去服务别人。它不能拆开说。如果你创立一家公司的话，你服务别人和增长自己的收入就是一个绑定的过程。"（访谈 26）

"你看多少创业公司最后都是创始人出局了。主要是因为他们玩到一定程度，要么是跟资本家意志不合，要么就是资本家认为他的能力不足，把他踢出局。所有行业最后都是一个商业逻辑，所有东西都需要商业上合理。商业上不合理的东西一定是不存在的，即使短期存在，它也不可能长期。"（访谈 24）

可见，实现经济盈利仍是这些创业者的主要目标，而对商业的认同与妥协也是创业者眼中的必经之路。但是这些并不足以说明创业只是资本主义生产方式的一种内在形式或是一种变相新名词。这些创业者或许是"等待中的资本家"（capitalists in waiting），但是他们的创业动机将他们区别于"传统资本家"（conventional capitalists）：他们希望通过创业实现的成就感不仅包括得到同行的认同，也包括对新产品寄予服务公共利益的愿景。我将在下一章对这类更为重视道德意义的生产实践进行详述。我将通过对互联网产品的社会价值，以及从业者生产实践对于产业创新与垄断的影响，来展现此类道德实践中的"互联网理想"的发展变化。

第六章
自我实现、产品的社会和文化价值

6.1 创新？盗版？还是微创新？

关于中国山寨与盗版现象的研究由来已久，而在高科技领域，针对中国山寨手机的研究更是不计其数。然而，近些年的这类研究开始强调中国山寨文化的转型，一些诸如“新山寨”“微创新”的名词开始频频出现。中国创客圈的重要领军人物李大维就曾将中国的创客文化定义为“新山寨”文化，认为它利用了自由、非正式以及开源的系统和基础设施，来实现包括硬件、电子、信息和新的制造形式的共享。所谓的“新山寨”强调的是下述几大特征：(1) 创新速度；(2) 对知识产权的忽视；(3) 受益于由制造者、企业家和其他利益攸关方组成的关系网络；(4) 由官方或非官方机构支持。以中国的山寨手机发展历史为例，李大维(2014)指出，中国的山寨文化源自对知识产权的规避和开放共享的生态系统与产业链的依赖。中国的山寨手机不是简单地抄袭国外大牌，而是针对特殊人群、特殊环境和特殊用途的利基市场(niche market)发展起来的。例如大部分山寨手机品牌因应被主流手机品牌忽视的农村市场的使用需求而得到飞速发展。比如法国手机品牌 Wiko 正是法国设计和营销团队与深圳本地手机制造商利用新山寨生态系统的产物，它在短短几个月时间内就占据该国智能手机市场 18%的份额。产品的定制化和本地化成为新山寨生态系统的一大特色。

高(音译)(Gao，2011：12－13)提出一个类似的概念“微创新”，认为它正是为平衡资源配置效率和应对不断变化的市场形势而产生的灵活性生产方式。“微创新”关于互联网的研究则以对微信的研究为代表，强调微信的创新在于利用已有手机平台的结构化模块来删除一些多余功能，实现产品与用户之间的友好交互(Yang，Sun and Lee，2016：413)。这类以用户体验为核心，在已有基础上进行较短周期微调性创造的实践被提炼成为“微创新”的概念。

关于创新、山寨以及微创新的讨论在 2015 年的互联网从业者群体中又有一套另类的解读：以游戏产业为例，这些从业者认为与创新相对的盗版现象在一定程度上并非是负面现象，反之，它可能是激发以及维持创业团队的微创新实践。

“盗版这些都不一定是坏事……外国的游戏版权保护很完善。比如说知名的 *Clash of Clans*，这款游戏的年收入好像是十几亿美元，它的版权在国外是被保护的，玩法火不起来。但是中国就是发明一个玩法养活一大批人群，相当于有钱大家一起赚，至少不会一家独大。不过现在腾讯把握着入口，已经变得比较大了。但是玩法还是可以复制，经常是出一个新的玩法，就能养活一大批公司。从法律或是道德上讲，盗版听起来不好，但其实想想也没什么不好（笑）……在中国这种混乱的局面，盗版能养活很多人和很多小公司。如果是像国外那种专利保护那么严格的话，那大家就活不下来了……这种多元化市场不但对用户来讲是好事，对我们来讲都是好事。”（访谈 25）

以 2015 年风靡一时的 2048 游戏为例，它在国内的最初版本是 1024，来自对苹果的“Threes!”游戏的改编。意大利人加布里埃莱·奇鲁利（Gabriele Cirulli）在 2014 年 3 月看到 1024 以后，再次将其改编成为了 2048 游戏，并将代码开源。随之国内出现了各种版本的 2048 游戏，包括网页版本、微信版本，甚至 Photoshop 这类工具类软件都推出了 2048 游戏。苹果商店中更是出现了几百款甚至上千款的 2048 游戏。最终，2048 游戏在 2014—2015 年间不仅成为最为风靡的手机游戏，更一度发展成为一种网络文化。不管是 1024 还是 2048，在玩法上，很多玩家都认为它们是“Threes!”的盗版。但是从法律层面来说，游戏玩法并不受保护，比如消除类游戏“开心消消乐”和“Candy Crash”等皆是一模一样的玩法，有所区分的只是受到版权保护的图形、形象、音乐等内容。同时，不可否认的是，1024 和 2048 这两款游戏在国内养活了许多小型游戏创业公司。对于这类小团队而言，盗版成为了他们的“微创新”实践，从而形成有效的生产与盈利模式。

尽管数据显示，2014 年全球范围内的盗版数字游戏下载量接近 25 亿，造成了游戏公司 740 亿美元的损失[①]。但是在国内互联网游戏产业中，这种损失从某种程度上被从业者们转换为“微创新”的实践，从而“创新性”地实现了盈利。WTT 就曾指出，他们公司的游戏经常会在安卓系统上被一些厂商下载破解以后进行重新分包，再加入厂商自己的广告和一些付费木马，重新上传供玩家下载。这就造成玩家付费给了这些盗版厂商，但是会因为游戏中的不良体验而投诉 WTT 公司。针对这种盗版现象，WTT 选择的不是付诸法律，而是“合作”。

> “我们拒绝盗版这种灰色产业，但是选择通过授权和盗版商合作，相当于是让他们分销我们的游戏，再和我们来分成。我们当然也可以起诉盗版商，和应用商店协商让它下架。但是这样做的后果往往费时费力，也赔不了我们多少钱。比如我们之前有一款游戏被盗版，盗版商的下载量大概是七八万次，折算成利润，一个用户能赚两三角钱，差不多是一万多元钱。我如果跟盗版商打官司就要拖很长一段时间，把整个产品都保护起来的费用也差不多是这个数……著名的例子是畅游，畅游是有金庸的全套版权。有家叫玩蟹的公司盗版畅游做了个叫大掌门的游戏，用的全是金庸原有的名字。畅游就起诉玩蟹，最后赢了也没赔多少钱，差不多是一

① Graham Luke，Can Video Game Piracy be Stopped in Two Years，http：//www.cnbc.com/2016/01/14/can-video-game-piracy-be-stopped-in-two-years.html，访问日期：2017 年 2 月 23 日。

百万元，但是玩蟹一个月的流水都有三四千万元。所以最后畅游通过投资成为玩蟹的股东。”（访谈 25）

这类与盗版游戏公司的“合作”模式正是介于创新与盗版之间的实践模式，在一定程度上，它符合现有研究对于“微创新”的定义。换句话说，现有的“微创新”研究大多探讨互联网产品的实践创新程度，而未能在产业内的生产盈利模式层面进行此类探讨。本节所述的互联网游戏产业中的生产实践模式则在一定程度上对微创新的研究进行了补充，创业者的微创新生产模式实际上是对以版权为代表的知识产权保护体系提出了挑战。

传统意义上，版权被认为是一种公共文化干预，它规定了谁可以复制和修改受保护的文化产品（Handke，2010：8）。版权制度解决了创造力的所有权问题（Gu，2018：61），并“建立一种使版权所有者能够获取高额利润的垄断系统”（Handke，2010：11）。然而，不少研究者都指出，中国传统的儒家文化与根深蒂固的集体主义文化都决定了中国不是版权的天然维护者（Gu，2018；Ren，2016；Han，2014）。比如任（音译）（Ren，2016）表明，中国官方复制儒家经典文本并在精英群体间进行广泛传播的传统历史决定了中国人通常将创造性劳动视作集体产品而非个人产品。无独有偶，1.4 节中莫斯克的媒介商品化理论也曾提出，因为媒介产品的特殊性，知识产权成为媒介垄断保护的重要手段。赫斯蒙德夫也提出过类似的观点，认为创意文化产业正是通过知识产权体系来制造媒介产品稀缺性，从而提高媒介产品的经济价值。也就是说，版权体制除了我们传统认知中对于知识产权的维护以外，在这些文化产业研究中，一定程度上，也造成并维护了媒介垄断，从而在经济效益层面上提高了媒介文化产品的价格。相对应地，在中国语境下，不管是“新山寨”还是“微创新”，都是对既有的版权体制提出的一种挑战。尤其是在互联网产业，创业公司这种通过与盗版公司合作的“微创新”盈利模式更是在现有产业垄断现象下的一种另类生存方式。

“……小公司如果只是发明了玩法，但没有在最快的时间内占据市场，那么大公司照搬你的玩法，就一下子把你杀死了。大公司创新的风险比较高，所以比较倾向于照搬一种已经被市场验证过又有玩家流量的玩法。大公司只会‘山寨’一定流量级别的游戏，但是如果你的游戏真的具有爆发式传播属性的话，大公司想抄也来不及……大公司属于尾大不掉，比如他们在一月份做了一个决策烧钱，到二月份发现决策错误，需要停止这个项目，但是这个损失的惯性可能会持续到十月份。所以大公司会对创新的事很谨慎。他们有自己的研究院，但研究院只属于内部交流，里面研发的产品很少会商业化。研究院里的每一个项目都是一个种子，等到公司在某天丧失某个赛道的增长优势的时候，就能在研究院里直接找到下一个增长点。所以研究的成本其实非常小，而商业化过程的成本非常大。一旦产品失败，大公司赔进去的钱就是几千亿……腾讯作为滴滴打车的第一大股东，就是以资本的方式拿到了最大的打车应用的入口。互联网做大了

都是这个逻辑：小公司不断地去试错，然后差不多有好的苗头的时候，就被大公司看上了。”（访谈 25）

“其实现在创业就是这样，没有大规模资金的小公司不好创业，因为小公司刚想出来一个念头，大公司就把它排挤出去了。”（访谈 23）

正如 WTT 所述，虽然游戏厂设有创新研究院这个部门，里面的技术人员的待遇也是全公司出了名的好（当然只是相对游戏厂其他普通员工而言）。但是就像在这个部门的文哥所说，他们的日常工作只是“开发永远不会商业化的产品”，他们所从事的生产实践更趋向于实验性，而非市场化导向。相反地，游戏厂进入新产品赛道的主要方式与当时的其他几大互联网公司类似，主要依靠收购或是投资已在新赛道中掌握大量用户流量入口的创业公司来实现。下一节中，我将通过对百度公司的年报分析为例，具体展示这类大型互联网公司加入新产品赛道的方式。

6.2　从垄断到金融化

仅仅以 2015 年为例，这一年，腾讯主导了滴滴和快的的合并，以及 58.com 和赶集网的合并。几乎同一时期，百度主导了携程和去哪儿网的合并。阿里巴巴主导了美团和大众点评的合并。换句话说，BAT 通过并购，持续性地建构其商业王国。这个王国涵盖了从电子商务到保险、从银行到医疗保健服务的几乎所有在线和离线服务。表6.1是百度在2003—2015年间收购的公司名单，我们可以清楚地看到，百度通过收购新兴公司不断涉足各大互联网内容领域，如网络安全（2015年收购安全宝）、文学（2013年收购北京幻想纵横网络技术有限公司，即完美文学）和娱乐（2013年收购PPS公司）等。

表6.1　百度截至2015年的收购状况

日　　期	收　　购	领　　域
2015年4月16日	安全宝	软件
2014年10月9日	创业邦	团购
2013年12月27日	纵横中文网	文学
2013年7月15日	91无线	移动互联网
2013年5月7日	PPS视频	娱乐
2013年2月13日	TrustGo杀毒软件	移动安全
2004年9月16日	Hao 123.com	网络搜索

资料来源：Cruchbase分析，https：//www.crunchbase.com/-organization/baidu#/entity，访问日期：2017年1月29日。

值得注意的是，在2010年向在线视频公司爱奇艺投资5 000万美元以后，百度于2012年11月获得了爱奇艺的控股权。2013年5月，百度进一步收购了另一家在线视频业务PPS，并将其与爱奇艺合并（见百度2015年年报）。在2015年的年报中，百度表示，此次收购的目的是成为中国在线视频业务的领导者。同时，百度还在年报中宣布了收购移动游戏运营商91无线的目标："这些协同效应主要用于增强公司在迅速崛起的移动领域中的领先地位……进一步培育一个更好用户体验、更强用户忠诚度和为客户与开发人员带来更大价值的优良生态系统，从而加强公司在新兴移动市场上的货币化能力”（百度 2015 年年报：33—34）。

正如百度所自述，其野心是通过此类收购和投资，“进一步培育一个生态系统，提高公司在新兴移动市场上的货币化能力”。同样的收购与投资在阿里巴巴和腾讯的发展史上也并不鲜见。两家公司都声明了一个类似的目标，即通过收购，确立公司在某些领域内的领先地位。换句话说，这三家巨头都试图通过收购和投资在新兴内容市场占据主导地位。

同样在 2015 年的年报中，百度将其三大主要业务的竞争对手分别定位为另外两大巨头公司的下属：互联网搜索领域的对手为谷歌和腾讯下属的搜狗；交易服务领域的对手为腾讯投资的美团点评与阿里巴巴投资的口碑；爱奇艺的对手为阿里巴巴收购的优酷土豆和腾讯视频。换句话说，百度、阿里巴巴和腾讯通过收购与投资基本瓜分了这三大领域市场。

在新兴内容领域，BAT 也不断地通过收购与投资创业公司试图第一时间占领市场。例如腾讯收购的美团点评于 2016 年收购了第三方支付创业公司钱袋，以减少市场对于阿里巴巴的移动支付服务的依赖，同时消除腾讯的一个潜在竞争对手。由此可见，BAT 正是通过投资和收购不同领域的公司，包括大量创业公司，不断累积资本以期垄断市场。图 6.1 清楚地罗列了阿里巴巴和腾讯在 2017 年，通过入股与收购的方式投资了包括本地生活、电子商务、金融、教育等领域的多家公司，试图以此快速地开拓与占领新兴领域。

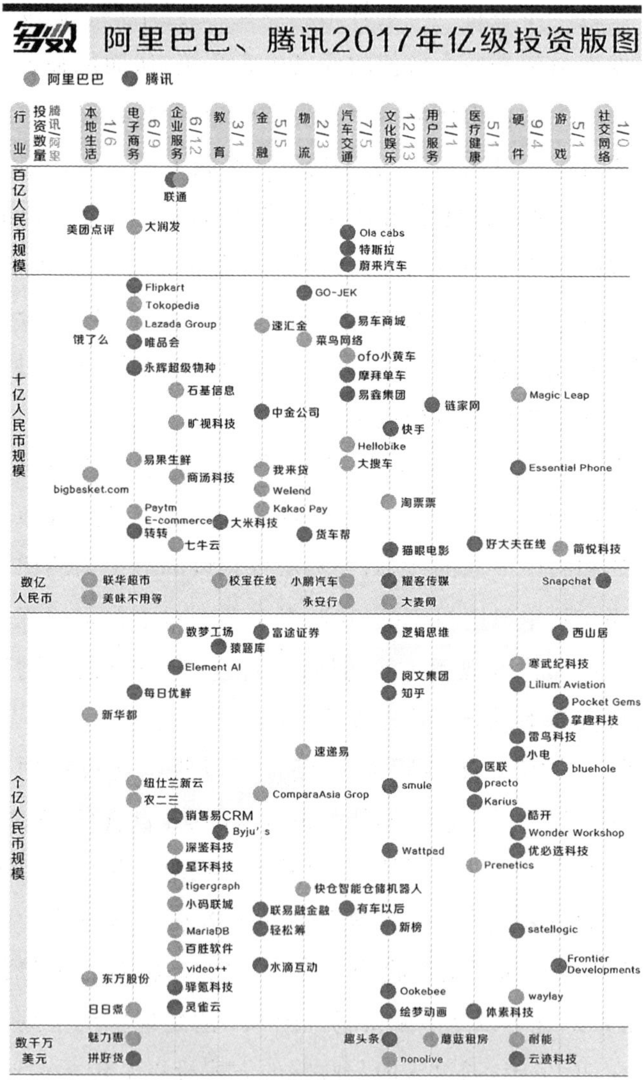

图 6.1　2017 年阿里巴巴和腾讯的收购版图

资料来源：http：//cloud.it168.com/a2018/0516/3203/000003203589.shtml，访问日期：2020 年 10 月 12 日。

不可否认，百度在它的年报中同样强调了创新的重要性，指出“这（激烈的竞争）可能迫使我们在研发、战略投资和收购方面加大投入，以保持竞争力”（百度2015年年报：7）。然而，事实状况是，百度严重依赖“战略投资和收购”，却对“扩大研发”语焉不详。如表6.2所示，百度在2015年的研发支出为102亿人民币，约占其年收入（663.8亿）的15.37%。同年，它的战略投资支出为557.3亿人民币（包括313亿现金投资和244.3亿非现金收购投资），约占其年收入的83.96%。显然，百度并没有如它所宣称的将大部分盈利用于研发，而是将其投入到收购与投资中。

表6.2　2015年百度的研发与投资支出

2015年	支出（人民币）	总收入（人民币）
研发支出	102亿元	
现金投资	313亿元	663.8亿元
非现金收购投资	244.3亿元	

来源：百度2015年年报。

大卫·哈维认为，现代资本主义正面临过度积累的危机，在这种情况下，“剩余资本和劳动力都存在，但两者没有办法结合起来”（Harvey, 2005: 96）。为了解决过度积累的危机，持续性地保持资本积累，资本家试图寻找新的地理空间和投资剩余资本的方式，如将物质（如其他地理空间中的自然资源）和非物质资源（如知识）用于资本积累。这种现象被称为掠夺性积累（accumulation by dispossession）。我在1.4节中已对此概念进行论述。总体而言，哈维的“掠夺性积累”的概念涵盖了中国经济面临的大多数问题和风险，并启发了一些对高科技产业的研究，因为它所强调的用以克服资本与劳动力差距所造成危机的资本积累新领域包括了高科技产业，尤其是发展中国家的高科技产业。一些学者认为资本通过掠夺高科技产业资源得以实现这种资本再积累（Rifkin，2014；Sundarajan，2016；Milberg & Winkler，2013；McChesney，2013）。因此，如里夫金所述，市场领导者试图通过主导市场来"强行推行高于他们所销售产品的边际成本的价格"（Rifkin，2014：7），以此来"阻止初创公司通过更新技术来降低边际成本和产品与服务的价格"（Rifkin，2014：23）。

与这些既有研究形成对话的是，中国的 BAT 互联网公司在 2009—2015 年间的扩张方式恰恰是验证了"通过垄断来限制新型企业进入市场"的生产实践。这种垄断式的生产发展模式进一步促使这些大型互联网公司将资金投入金融投机（以投资收购为主要方式），而非投入生产资料的再生产过程。如福斯特（Foster，2007）所言，如果 BAT 持续性地通过收购生产新内容与服务的创业公司，而不是通过真正的服务创新，来扩张其帝国，那么它们将为新的生产服务留下极其有限的空间。这个预言在国内共享单车服务行业已可见一斑：在经过前期的市场混战之后，目前市场几乎被腾讯系的美团单车和阿里系的哈啰单车垄断，几乎未能留下任何空间给新兴创业公司。

早在《金融资本》一书中，鲁道夫·希法亭（Hilferding，1910）就提出了金融资本的概念。他强调，随着托拉斯的出现，银行资本与产业资本逐渐结合起来，形成了以金融资本为核心的帝国主义新特征，资本主义发展由此进入新的阶段。以保罗·斯威齐

(Paul Sweezy)、哈里·马格多夫(Harry Magdoff)、约翰·福斯特(John Foster)等为代表的美国激进政治经济学派在马克思的劳动价值论和剩余价值的概念基础上，侧重探索资本主义进入垄断资本主义阶段后生产方式和资本积累方式的变化。斯威齐在1942年的《资本主义发展论》中，在借鉴希法亭强调的银行及金融业在垄断资本主义制度中的作用的基础上，提出了理论上的资本主义发展危机——消费不足导致的经济危机。他认为，生产率的增长降低了生产成本，但是由于垄断资本对于市场、原料、技术等资本循环各个环节的垄断，导致资本家联合制定利润率水平与等级，进而导致了大量无法进入资本再循环的资本剩余，从而造成生产停滞。面对当时现实发展中的资本主义扩张趋势，斯威齐进一步研究抵御消费不足的外部刺激因素。

于是，在1966年与巴兰(Paul Baran)合作的《垄断资本》一书中，他们进一步深入探讨垄断资本主义发展阶段的扩张与停滞之间的矛盾关系。《垄断资本》试图解释：为什么在如此严重的停滞趋势下(特别是在垄断时期)，资本主义体系还能快速扩张？巴兰和斯威齐通过分析历史上垄断资本主义抵消长期萧条的特殊阶段，发现战争、铁路和汽车化浪潮是重要的外部刺激因素。例如，他们认为第一次世界大战以后的美国通过汽车化浪潮刺激了钢铁、橡胶、玻璃等行业，带动了高速公路的建设及零售领域的扩张，进而遏制了经济停滞与萧条的出现。但是这些外部刺激因素的积极作用很快开始衰退，结果各种形式的浪费成为了当时保持美国经济强劲增长势头的重要动力，例如在销售、国防支出和多种形式的债务等方面的浪费。巴兰和斯威齐尤其强调，包括金融、保险和不动产在内的金融体系自20世纪60年代以来急剧扩张，在吸收资本剩余方面起到重要作用。但是正如斯威齐在之后的反思中指出，《垄断资本》一书对于金融体系的增长关注仍颇为有限，它并未将金融体系视作资本主义制度的核心范畴，“垄断资本”仍是斯威齐当时对于资本主义的核心批判。这个反思很快在他和马格多夫自20世纪70年代之后的合作中得以体现。

在对于积累过剩理论（overaccumulation）和反停滞的外部刺激因素（responses to stagnation）的进一步补充研究的基础上，马格多夫和斯威齐（Magdoff & Sweezy，1987）发现，金融资本的发展逐渐取代垄断资本成为资本主义的核心要素，资本主义发展阶段逐渐从垄断阶段到了垄断-金融阶段。随着垄断资本主义阶段下的多种金融形式的“浪费”，金融体系开发出越来越多的金融产品以供货币资本循环。同时，金融体系拥有显著的自我扩张能力，从而成为整体经济的一个自主子系统。资本主义的生产停滞趋势与金融资本扩张趋势形成了一个内在逻辑关系。最终，斯威齐强调，金融化是“一个超越特定金融泡沫的持续过程”（Magdoff and Sweezy，1987：7），而经济停滞导致了资本主义的金融化——垄断（monopolization）、停滞（stagnation）与金融化（financialization）成为他对于资本主义体系的概括性分析。

前文所述的福斯特对于垄断资本的批判正是基于这个历史性的金融化研究基础上。福斯特认为，自20世纪70年代以来，资本家将过剩的资本转入金融领域进行投机赌博，各种金融机构通过增加杠杆作用得到快速发展，金融衍生品不断膨胀，成为推动世界金融增长失控的催化剂。这些年的资本积累鲜少与生产有关，而与金融投机大为相关。伴随着“新自由主义”资本主义模式在全球范围的扩张，金融化渗透到不同的地理位置中，造成了虚拟经济与实体经济的严重脱离。席勒（Schiller，2005）提醒我们，中国互联网服务系统正在成为这种全球过剩资本的新兴积累地。

或许将斯威齐对于金融资本的分析直接用来理解中国互联网产业的发展趋势显得过于“隆重”，但是无论是福斯特对于“金融资本”的批判还是哈维对于“掠夺性积累”的阐述，抑或是席勒对于互联网产业的过剩资本积累的研究，无一不提醒着我们大型互联网公司垄断化发展带来的危机：它对于实体经济的冲击以及对于创新性生产的遏制，都促使我们必须对诸如 BAT 这类大型互联网公司通过投资和收购等金融投机行为进行资本扩张的实践有所警惕。

2016—2017 年，我在威斯敏斯特大学访问期间，跟随克里斯蒂安·福克斯教授（Christian Fuchs）从事中国互联网产业的政治经济学分析。期间，我们合作分析了当时产业中出现的垄断化与金融化趋势。福克斯（Fuchs，2017）在他的文中以微博为例，指出这类大型互联网公司存在的利润与股价严重脱节的现象：2016 年的微博市盈率（P/E Ratio）为 88.36，远高于当时世界范围内 12.5 的行业平均水平。表 6.3 是我在 2017 年初整理的在纳斯达克市场交易的所有中国互联网公司的市盈率。由该表可见，2016 年的国内互联网产业平均市盈率为 54.72（与之形成鲜明对比的是世界范围内互联网产业的平均市盈率是 12.5）。然而，截至 2015 年底，这 53 家公司中仅有 33 家实现盈利，且平均净收入仅为 0.78 亿美元。这说明，尽管当时的中国互联网产业盈利能力颇为有限，但是市场仍对它寄予厚望，甚至远超于世界平均水平。但是，如前文所述，随着大公司在这个产业不断地通过投资与收购来替代创新性生产，基于生产实践的盈利空间变得极为有限，更多的垄断资本开始往金融投机领域扩展。按照斯威齐对于垄断资本和金融资本发展趋势的研判，我和福克斯在当时都对中国互联网产业的金融化发展趋势颇为不看好，甚至预言了这个行业的垄断资本将会导致金融泡沫的产生，进而导致互联网经济的停滞，而金融泡沫也将在未来某个时刻破裂。

表 6.3 2016 年底在纳斯达克市场交易的中国互联网公司信息

公　　司	2016 年底市场价值（十亿美元）	2015 年底净收入（十亿美元）	2016 年底市盈率
新浪	4.887	0.022	22.94
微博	10.052	0.019	123.88
阿里巴巴	261.36	1.885	54.6
网易	32.462	0.314	22.22
搜狐	1.6	0.009	无
百度	60.887	3.587	13.19
畅游	1.289	0.038	9.17
The9	0.068	-0.030	无
携程	21.463	0.021	无
中国金融在线	0.073	0.013	3.86
前程无忧	2.122	0.021	27.87
空中网	0.328	0.006	8.7
易居	0.968	-0.03	无

（续表）

公　　司	2016年底市场价值（十亿美元）	2015年底净收入（十亿美元）	2016年底市盈率
华视传媒	0.02	−0.009	无
UT斯达康	0.064	−0.013	无
中芯国际	5.93	0.03	19.89
珠海炬力（2016年底退市）	0.095	−0.013	无
德信无线（现为泰克飞石）	0.022	−0.003	无
好未来	6.149	0.010	72.89
正保远程教育	0.34	0.004	13.57
新东方	7.492	0.007	31.2
搜房网	1.768	−0.039	无
蓝汛	0.068	−0.089	无
当当	None	0.029	39
杭州斯凯网络科技	None	0.003	12.59
世纪互联	0.6	−0.016	无
人人公司	0.554	−0.042	无
网秦	0.337	0.019	90.25
凤凰新媒体	0.256	0.006	22.44
淘米	0.131	0.001（2014）	无
唯品会	6.274	0.073	25.07
欢聚	2.326	0.051	13.17
兰亭集势	0.206	−0.004	无
58同城	3.459	0.032	无

（续表）

公　　司	2016 年底市场价值（十亿美元）	2015 年底净收入（十亿美元）	2016 年底市盈率
去哪儿	4.476	－0.74	无
500 彩票网	0.544	－0.016	无
汽车之家	3.518	0.042	21.27
易车	1.459	－0.038	无
达内科技	0.845	0.014	25.17
乐居	0.554	0.013	19.38
猎豹移动	1.403	0.008	无
途牛	1.144	－0.080	无
聚美优品	0.646	0.020	73.82
京东	38.786	－1.112	无
智联招聘	0.87	0.009	21.32
迅雷	0.261	－0.005	无
创梦天地	0.631	－0.002	87.06
一嗨汽车	0.643	－0.002	507.5
陌陌	4.452	0.006	71.65
众美联(原窝窝网)	0.311	－0.011（2014）	无
宝尊电商	0.72	0.002	123.18
宜人贷	1.247	0.013	10.00
中国在线教育(51Talk 无忧英语)	0.286	无	无
平均	9.734	0.078	54.72

资料来源：根据 http://tech.sina.com.cn/nasdaq/list/(访问日期：2020 年 10 月 12 日)资料整理。

与表 6.3 类似，表 6.4 显示的是到 2016 年底为止在港交所交易的所有中国互联网公司的市盈率。由该表可见，这些公司 2017 年 1 月的平均股票价值为 3 219.29 亿港币，而它们截至 2015 年底的平均净收入仅为 148.84 亿港币，平均市盈率为 34.05，远高于 12.5 的平均市盈率。表 6.5 则显示了在沪深两市交易的互联网公司的平均市盈率为 66.86，不仅超过行业平均水平，更是超越了美股与港股市场的中国互联网行业平均市盈率。这三张表（表 6.3、表 6.4 和表 6.5）在很大程度上从侧面解释了近些年中国互联网公司纷纷从美股退市，回归港股与 A 股的现象。

表 6.4　2016 年底在港股市场交易的中国互联网公司信息

公　　司	价值（十亿港币）	净收入（十亿港币）	市盈率
腾讯	1 942.802	32.902	46.039
金山软件	21.464	0.386	无
慧聪集团	6.307	0.026	140.367
A8 新媒体	0.844	0.025	22.600
中国联通	220.074	11.939	49.496
中国移动	1 805.938	122.817	14.437
中国电信	51.346	22.767	12.626
联想	56.987	－0.362	11.647
神州控股	8.597	1.046	10.712
天鸽互动	6.107	0.169	36.860

（续表）

公　　司	价值（十亿港币）	净收入（十亿港币）	市盈率
中芯国际	46.074	0.251	21.020
神州租车	17.470	1.583	8.742
蓝港互动	1.069	−0.061	无
平均	321.929	14.884	34.050

资料来源：根据 http：//tech.sina.com.cn/nasdaq/list/（访问日期：2017 年 1 月 26 日）资料整理。

表 6.5　沪深两市不同产业的市盈率比较

产　　业	日　　期	平均市盈率
互联网和相关服务	2014 年 1 月 27 日	95.83
	2015 年 1 月 26 日	80.07
	2016 年 1 月 26 日	89.23
	2017 年 1 月 26 日	66.86
计算机、通信和其他电子设备制造	2014 年 1 月 27 日	65.02
	2015 年 1 月 26 日	72.27
	2016 年 1 月 26 日	80.02
	2017 年 1 月 26 日	70.4
金融业	2014 年 1 月 27 日	23.23
	2015 年 1 月 26 日	39.11
	2016 年 1 月 26 日	10.75
	2017 年 1 月 26 日	19.08

（续表）

产　业	日　期	平均市盈率
房地产业	2014 年 1 月 27 日	17.74
	2015 年 1 月 26 日	30.8
	2016 年 1 月 26 日	31.16
	2017 年 1 月 26 日	30.74
文化、体育和娱乐业	2014 年 1 月 27 日	53.62
	2015 年 1 月 26 日	50.09
	2016 年 1 月 26 日	55.96
	2017 年 1 月 26 日	42.92

资料来源：根据 http://quotes.money.163.com/hs/marketdata/hybjsyl.html（访问日期：2017 年 1 月 26 日）资料整理。

根据中国互联网协会以及工业和信息化部在 2015 年的统计，2014 年排名前八的互联网公司利润为 514.7 亿人民币，相当于前 100 名公司利润的 85%。这明显表露出当时产业内的垄断化发展趋势。同年，相较于谷歌 25.82%的平均利润率，中国百强互联网公司的平均利润率仅为 10.7%。[①] 这种高股票价值和低盈利能力同时还体现在一些互联网公司的每用户平均收益(average revenue per user)上。例如，根据百度 2015 年的年报显示，其当年的营收为 663.8 亿人民币，其中移动搜索月均活跃用户为 6.57 亿，也就是说，即便将移动搜索活跃用户等同于百度所

① https://ycharts.com/companies/GOOG/profit_margin，访问日期：2017 年 2 月 2 日。

有的活跃用户来算，它的每用户平均收益也仅为 101.04 人民币（按照当时的汇率约合 14.69 美元）。按照同样的计算方式，根据腾讯 2015 年年报，其营收为 1 028.63 亿人民币，微信的月均活跃用户为 6.97 亿，它的每用户平均收益则为 147.58 人民币（约合 21.46 美元）。相较之下，谷歌在 2015 年的营收为 749.89 亿美元，谷歌搜索的月均活跃用户为 10 亿，也就是说，它的每用户平均收益为 74.989 美元。然而，在我撰写这些分析数据的 2017 年 1 月 30 日，百度的市盈率为 12.44，腾讯为 44.96，而谷歌为 28.83。换言之，尽管谷歌的每用户平均收益几乎是百度的 5 倍和腾讯的 3.5 倍，但是它的市盈率仅约为百度的 2 倍和腾讯的 65%。这在很大程度上说明，相较于国际巨头谷歌，中国的互联网巨头在 2015—2017 年期间的价值一直为市场高估。而这还只是一些在美国市场上市并被中国媒体宣传为"低估"的中国互联网巨头。相形之下，在 A 股上市的互联网公司的估值与其实际盈利能力只会更严重地背道而驰。

永奎斯特和威廉（Ljungqvist & Wilhelm, 2003）在研究 1999—2000 年的互联网泡沫时提出，新上市的互联网公司的首日平均回报率急速下跌，应被视作互联网泡沫破灭的前兆。根据他们的这一研究结论，我在 2017 年初分析了于 2013—2016 年间在纳斯达克上市的中国互联网公司的首日平均回报率。如表 6.6 所示，这期间的中国互联网公司上市首日平均回报率从 2013 年的 65.5%下降至 2015—2016 年的 -0.5%。虽然单从这一指数来断言另一场互联网泡沫的破灭显得过于武断，但是，上市首日回报率在那几年间的断崖式下跌也在一定程度上显示了中国互联网产业存在的风险与危机。

表 6.6 2013—2016 年间中国互联网公司在纳斯达克上市首日平均回报率

公 司	上市日期	收盘价（美金）	发行价（美金）	首日回报率
兰亭集势	2013 年 6 月 6 日	11.61	9.5	22.2%
58 同城	2013 年 10 月 31 日	24.12	17	41.9%
去哪儿	2013 年 11 月 1 日	28.4	15	89.3%
500 彩票网	2013 年 11 月 22 日	20.01	13	53.9%
汽车之家	2013 年 12 月 11 日	30.07	17	76.9%
2013 年上市首日平均回报率				**65.5%**
达内科技	2014 年 4 月 3 日	9.06	9	0.7%
微博	2014 年 4 月 17 日	20.24	17	19%
乐居	2014 年 4 月 17 日	11.86	10	18.6%
猎豹移动	2014 年 5 月 8 日	14.1	14	0.7%
途牛	2014 年 5 月 9 日	10.07	9	11.9%
聚美优品	2014 年 5 月 16 日	24.18	22	9.9%
京东	2014 年 5 月 22 日	20.9	19	10%
智联招聘	2014 年 6 月 12 日	14.65	13.5	8.5%
迅雷	2014 年 6 月 24 日	14.9	12	24.2%
创梦天地	2014 年 8 月 7 日	15.94	15	6.3%
阿里巴巴	2014 年 9 月 19 日	93.89	68	38%
一嗨租车	2014 年 11 月 18 日	11.7	12	−2.5%
陌陌	2014 年 12 月 11 日	17.02	13.5	26.1%

（续表）

公　司	上市日期	收盘价（美金）	发行价（美金）	首日回报率
2014 年上市首日平均回报率				**13.2%**
众美联（原窝窝网）	2015 年 4 月 8 日	10.28	10	2.8%
宝尊电商	2015 年 5 月 21 日	10.44	10	4.4%
宜人贷	2015 年 12 月 18 日	9.1	10	−9%
中国在线教育（51Talk 无忧英语）	2016 年 6 月 10 日	18.98	19	−0.1%
2015—2016 年上市首日平均回报率				**−0.5%**

资料来源：根据 http://www.nasdaq.com（访问日期：2017 年 1 月 31 日）资料整理。

福克斯在 2017 年认为，中国的社交媒体经济是依赖大量投资资金流入金融市场以后，由于广告商对广告作用的盲目信心而导致的高度金融化。我在 2017 年撰写这批分析数据时，并不倾向于极速地下此定论，而是希望通过分析这些市场数据来彰显当时的互联网产业被头部企业垄断，并被金融资本家过高估计的现状，并提醒互联网产业当时所隐藏的危机。

这类危机在 2017 年已初现端倪，其中一个表现就是上文所述的垄断公司通过收购与投资不断蚕食新兴内容领域，进而在市场中建立起屏障，挤压创新企业的生存空间，并将失败的风险转嫁给这些新兴企业。这场危机的另一个表现则是产业金融化导致的创新力与生产力的倒退促使创业者将注意力从创新转移到融资变现，刺激他们成为“等待中的资本家”。

6.3　互联网理想的消逝

在5.3节“人人都有一个创业梦”中，我曾提及这些从业者渴望创业的动机不单纯局限于金钱回报，而是包括“重视道德意义的生产实践”。班克斯研究中强调的文化创意工作的内在激励因素也同样包含了“有助于构建卓越标准和道德框架”（Banks, 2010：265）的生产实践。我在2009—2011年间的田野调查中将这类“重视道德意义的生产实践”与“互联网理想主义”（internet idealism）这个源自美国西海岸的概念勾连在一起。肯尼迪（Helen Kennedy）在她研究网页设计师的书中介绍了万维网发明者Berners-Lee最初的愿景是，创造一个人人皆可访问和互动的完全开放的媒介。其中，对于“人人皆可”的强调正是“互联网理想主义”的普适性愿景。班克斯（Banks, 2007，164）关于文化创意工作者创造“具体政治干预和服务社会利益”的研究也丰富了“互联网理想主义”的内容。

2009—2011年间的互联网从业者在谈及“互联网人个个都是理想主义者”这个观点时，强调的是他们共同致力于“创建一个良好的在线空间，使得人人都有自由发声空间”的生产实践。例如YQ就曾明确表达他想为残疾人创造无障碍媒介空间的愿景。在2011年6月29日的自我观察日记中，YQ曾记录了周末与朋友去三河与几个盲人朋友交流的内容：他惊讶地发现，这些盲人朋友的听力非常惊人，沟通和表达的欲望都很强烈。因为他们大多出身不太好，失明之后再学习以鼠标为主的计算机操作存在一定门槛，所以基本都用手机上网，几乎所有人都用 QQ，很多人不到月末就用完了 30M 的流量。他们大多使用三星的一款手机，因为它对读屏软件支持较好，只要有语音提示，他们正常发短信、存电话号码等操作与非盲人一样快。在这次访友之后，YQ 在他的日记中写下了如下的感叹：

> “工业界发展的十年期间造了那么多的概念，讲了那么多的故事，用了那么多的营销与心理上的技巧，造了那么多的泡沫，却对特殊群体视而不见。发明读屏软件的居然是一个盲人。这种基本的东西居然需要盲人同志们亲自动手，真是业界的耻辱。事实上，我们不用做太多，只要完美地支持读屏软件就够了。希望不远的将来，他们可以真正在互联网上睁开双眼，拥抱其他心灵，他们真的很渴望。”

YQ 的这类感悟在我 2010—2011 年间的访谈中并不鲜见，L 也曾表示过她想通过创业来创造一款人人都能使用的伟大产品。在 5.3 节中，我也曾提到 BXX 与 DEE 通过开发一款惠及同行的产品来将自己从日复一日的繁重工作中解脱出来，并希望通过得到同行认同来实现成就感。而 YQ 和 L 对“特殊群体”和“人人”的关怀进一步将这些“等待中的资本家”从“传统资本家”群体中区分开来：他们希望通过创业创造一个惠及弱势群体与自己所属社区利益的产品。这种服务公共利益的愿景也许并不是班克斯所期待的“资本主义的替代性生产方式”，但是需要强调的是，这种显示互联网从业者自由选择与能动性的生产性实践存在一定的潜力：造福弱势群体的道德愿景或多或少会改变互联网产业的生产过程，将产业引领向脱离单纯金融化发展的道路。

令人失望的是，这类互联网理想存在的时间并不长。等我2015年回到北京找YQ的时候，他已经是一家互联网医疗创业公司的二把手，当我们谈及他当年的“豪言壮语”时，YQ的反应很是出乎我的意料：

> “比如说现在的公司如果能回购我的股票，给我一个比较好的价格，我会马上离开……假如现在我有一个机会能加入一家量化交易团队，而我学的东西正好能让我高概率挣到钱的话，那我肯定就离开互联网……现在来说什么时候能退股，能退多少钱才比较重要。”（访谈的29）

当谈及当年所说的互联网理想的时候，YQ的表情很是耐人寻味。BHH也对橘子厂生态圈中的一系列动态有自己的解读：

> “BB（橘子厂下属公司）本来就快上市了，大家都盯着（期权）……有些人还是比较看中股票。”（访谈34）

关于这背后的各种缘由，我相信和FWW下面所述的产业在这几年中的变化有所联系：

> “国家为了支持中小企业发展，创造了各种多层次的资本市场，本来好意是让中小企业可以直接融资，提高效率，获

得资源。但是很多企业从性价比角度来说，干脆就奔着上市而上市了，因为这些企业没有核心技术，只有通过上市来一把套现……所以现在你会发现各种编故事、造概念，或者影响舆论。我们看到身边跟我们类似的有些技术起家的公司，做着做着就不走正规路，投行一引进来就开始奔三板。技术人员在这种公司里根本没办法踏实搞技术……而且很多技术人员，或者说很多公司里面的员工，就是等着公司 IPO，拿着期权一次性套现，就再也不从事现在这个行业了。”（访谈 32）

如 FWW 所述，产业的金融化发展（如本书 6.2 节所描述的）导致大量的互联网头部公司开始向上市套现的方向发展。在这样的氛围下，前文所述的“培训班热”和“个人创业热”都成为不可避免的发展趋势。对于这些当年怀揣互联网梦想的从业者来说，“拿股权，等上市，实现财务自由，离开互联网”似乎成了一条新的路径。这条新路径背后折射的当时互联网产业发展的“过度金融化”恰恰与这互联网理想在互联网产业中的逐渐消逝形成了前后呼应的关系。当然这并不是说“互联网理想”本身的消逝，相反，在中国这个广博繁茂的生态圈中，还会相继孵化出适合“互联网理想”生长的土壤，比如创客圈与人工智能产业，都在接下来的几年中成为“互联网理想”生长的新土壤。

第七章

故事的结尾：于谁有意？于谁有益？

行文至此，我本来打算在这一章对互联网产业的未来进行展望与预判。比如2015年以后的产业发展可以从几件标志性的大事件来一窥其趋势：2016年，血友病吧和魏则西事件将百度推到舆论的风口浪尖，也让互联网用户开始对搜索引擎的算法推送机制的道德性产生了质疑。2017年，中国联通混改方案中出现了百度、阿里巴巴、腾讯和京东的身影，互联网巨头入局国企电信的脚步开始加快。同年，迅雷与迅雷金融发生内讧，导致高管离职，股价大跌。2018年初，阿里继入股万达以后，先后入股欧尚和大润发的母公司高鑫零售以及线下家居零售巨头居然之家；腾讯则在入股万达、永辉超市，并携手永辉投资家乐福之后，继续入股海澜之家，两大互联网巨头在这一年从商超领域快速地向服装、餐饮、便利店和购物中心扩张。这一年，在腾讯被一篇名为"腾讯没有梦想"的万字长文批判丧失了创新精神而空有投资模式的同时，包括哔哩哔哩、爱奇艺、平安好医生、虎牙直播和小米等八家互联网独角兽纷纷在美股和港股上市。2018年下半年，随着ofo

调整部分城市收费标准，收缩海外市场，并通过抵押动产的方式向阿里请求融资的同时，包括知乎、锤子等许多互联网公司开始裁员、缩减业务，互联网产业宣布进入寒冬期，各家互联网公司开始缩衣节食，力图渡过难关。2019 年，寒潮延续，伴随腾讯裁去10%中层干部的同时，京东、网易、滴滴、小米等先后通过裁员进行了组织架构调整。与之形成鲜明对比的是，科创板首批 25 家企业于 7 月 22 日正式在上海交易所挂盘上市，并经历了一轮暴涨。2020 年，字节跳动旗下的直播巨头抖音和微信在复杂多变的国际环境中遭遇重挫，受到美国和印度等国的禁令。2020 年底，在我写作本书的当下，科创板经历了为期一年的独角兽扎堆IPO 的疯狂后，蚂蚁集团宣布将在上证科创板和港股同步上市，成为史上最大 IPO 独角兽。这场疯狂的盛宴最终在政府的《关于平台经济领域的反垄断指南》颁布后戛然而止。巨头扎堆的社区团购也在人民日报“别只惦记几筐白菜钱”的舆论声中开始受到政策监管。

在这样的产业背景下，我在任教的高校中设立了两门本科生课程（分别是英文授课的“Working in New Media”和中文授课的“新媒体批判理论导论”）和一门研究生课程“批判传播学”，在课程中穿插着向学生介绍如何批判性地去看待中国互联网产业目前的发展。在教授课程的过程中，我发现，愈来愈多的学生开始提出一些问题：学会了批判视角能做什么？我未来大概率会进入互联网产业去工作，但是学完以后发现产业处处是问题，我除了越来越“丧”之外，还能做什么？

我忽然意识到，理论的传输与研究的引导对于学生来说，可能需要提供更多的可实践的空间。于是，我临时决定将互联网产业的故事结尾改成“于谁有意？于谁有益？”。在最后一章的篇幅中，和读者们分享一些我的研究感悟，也希望能通过对学生们的这些问题的回应，来进一步反思自己的研究。这样的结尾或许“于我更为有意”，也希望“于读者更为有益”。

7.1　为什么要找互联网产业的茬？

和很多经验丰富的同行相比，我教书的时间并不长。从2014年毕业至今，满打满算也就是7年而已。这7年间，我对教学最大的感受是“越来越容易受到惊吓”：你不知道坐在课堂上的某个学生会不会是某个互联网小众领域的意见领袖；你不知道课堂上的学生会不会是互联网某个细分领域的“骨灰级专家”，对行业的了解远超于你；你更不知道这些学生会不会正在课堂上进行直播，而你已经成为公屏上被评头论足的背景板。越来越多的学生开始在求学时期就涉足互联网内容生产产业。我曾经在课堂上介绍百度的点击费用时，有学生和我交流他在美团和点评上开店被征收的点击费用；在课堂上讲解比特币的历史时，有学生和我交流他的“挖矿生涯”；至于公众号大V与网红主播更是每年课堂的“必备项目”。这些“受到惊吓”的教学经历促使我越来越意识到，向学生引介批判理论去解读互联网产业的重要性：当越来越多的学生介入一个新产业的生产时，我们是否应该更早让他们意识到这个产业中生产模式存在的问题，以便他们在之后的职业规划中可以更为清晰，或是以便他们在未来的职业生涯中遇到类似问题时能有所溯源之处?

随着更多的学生进入互联网内容生产,越来越多的学生也开始面临我在前文中指出的一些问题:传播学的学生大多在自媒体和新媒体公司承担内容生产相关的工作,越来越多的学生在课堂上开着电脑继续“赶工”,也有越来越多的学生因为头天晚上在宿舍“加班”而导致上课迟到,更有一些学生会在课后和我交流这类工作给他们带来的精神压力。我既有研究中对于数字产业从业者工作境况的探讨,在当下似乎延伸到了特定专业的学生群体中。专业的数字生产从业者困顿的工作经历似乎也正在被越来越多的学生“共享”。这种“泛化”的工作体验不由得让我给自己加载了某种“使命感”:为课堂之外正在“共享”类似“互联网泛化工作体验”的学生们提供一些思路和想法。

我在研究生的讨论课上曾经和学生讨论过两个问题:BAT等互联网巨头垄断造成的产业金融化问题对产业内的个体从业者会有什么影响?造成互联网产业中的加班现象的结构性原因是什么?学生的回答五花八门,基本上是基于媒体报道分析的原因和他们在类似工作中的亲身经历而来。这些回答中有认为是同事之间的竞争意识导致大家不得不通过自觉延长工作时间来“求表现”;也有认为是互联网公司的免费晚餐和免费打车等延迟下班时间的“补贴政策”导致大家选择“自觉加班”;还有认为是上司布置的工作量完全无法在工作时间内完成导致的加班。这些分析都非常生动,充满了学生们提早体验互联网工作后的酸甜苦辣。但是,学生们的思路似乎过多地局限于个体视角,无法将个体的体验与中观的产业视角及宏观的社会文化视角结合起来。

正如我在前文所述，互联网的加班文化背后是产业中的“繁重工作量”和工作量背后的非经济因素，诸如关系、性别、社会地位、社交网络等因素综合造成。比如产业中的不同职级间的不平等关系、中层管理者希望通过工作时间以外与下属之间的热络关系来实现非直接的管理方式、单身从业者在一线城市乏善可陈的业余生活等都是滋生加班现象的因素。在这些因素的背后则是产业中无限增加的工作量。如果说互联网产业中的软件升级带来了技术类从业者工作时间的延长，那么对于这个产业中更大体量的非技术类从业者而言，他们工作量的增加则是由互联网产业问题重重的生产模式造成的：前文分析的互联网巨头垄断造成的金融化问题导致了大量公司摒弃创新之路，转而走向或是将线下服务直接搬于线上，或是通过流量导入迅速获利于人口红利的“新路径”。这类生产模式的转变导致大量重复简单的工作量叠加，从而拉长了从业者的工作时间。

上述关于加班现象的更为宏观的分析只是本书试图探索的案例之一。这类批判性的论述大多被看作“找互联网产业的茬”，而找茬的目的在于唤起更多从业者对于自身所处环境的反思，从而形成对产业生产模式的监督。如本书开篇所介绍的，2019 年3—4 月间，一场名为“996.ICU”①的在线抗议活动在程序员的“主场”——代码共享社区 GitHub 上轰轰烈烈地展开。在这场抗议活动中，发起者用匿名的 ID 账号将国内互联网公司普遍存在的

① “996”指很多中国科技公司要求的每天早 9 点一直工作到晚 9 点，每周工作 6 天。在这样的工作模式下，生病了会被送到 ICU 重症监护病房。

“996”工作制及相关劳动法规进行了多种语言的翻译，号召全球程序员加入抵制“996”的加班文化。更有程序员发起了“996公司黑名单”，列出了包括阿里巴巴、京东、字节跳动等公司在内的黑名单。[①] 虽然项目后期遭到了诸如奇虎360、腾讯QQ和阿里巴巴的UC浏览器等公司的屏蔽，产业内的加班文化似乎也未见消退，但是这场抗议活动还是引起了包括新华网和《人民日报》在内的主流媒体对于劳动者权益保护的重视。比如2019年4月14日，《人民日报》发表评论《崇尚奋斗，不等于强制996》，倡导互联网企业应遵守劳动法，让员工平衡工作与生活。不幸的是，时至2021年，互联网产业的“996”和“大小周”早已成为行业标配，也成为媒体口诛笔伐中的常驻之客。诸如拼多多买菜部门年仅22岁的员工在凌晨一点下班途中猝死，京东管理层被要求每周至少工作70小时，百度和阿里巴巴实行“996”工作制，字节跳动实行大小周工作时间等新闻在近几年的媒体报道中比比皆是。

换句话来说，政策监管对于迅速发展的互联网产业来说有时显得未免有些力尤未及。这个时候，培养更多的从业者群体和“未来”从业者群体的“找茬”能力，唤醒他们对于自己所处的产业的反思能力，则显得尤为必要。这种唤醒或许距离班克斯批判公共治理学派提出的“自我剥削”概念时指出的“重构劳动的能动性与主体性”相距甚远，也远未及前文所述的“互联网理想”呈现的从业者生产实践的能动性来得行之有效。但是，这类批判性视角

---

① 中国程序员抗议“996”加班走红网络，BBC News中文网，https://www.bbc.com/zhongwen/simp/chinese-news-47824716。

与思维的教育至少能让即将进入互联网产业，或是正在“共享”这些“泛化的互联网工作体验”的学生群体从中找寻到思考的起点与框架。对于这些“未来”从业者的批判意识的教育或多或少会在未来形成政策监管之外的另一种有效力量，遏制互联网金融资本的无节制扩张，从而引导互联网产业发展模式的规范化。

7.2 找完茬以后我还能做什么？

年初的时候，看到海南大学的朱杰老师在朋友圈感叹，学生课后询问他“学习批判理论的意义在哪里”的问题。这条朋友圈引起许多同行的共鸣与讨论，澳门科技大学的章戈浩老师给出了一个颇引起我共鸣的回答：不被社会彻底改变就是自己对社会最微小的改变。放置于本书关注的互联网产业中，这个回答或许可以被解读为“不被产业彻底改变就是自己对这个产业最微小的改变”。

2015 年，在完成了从 2009 年写硕士论文就开始的互联网观察之后，有很长一段时间，我也开始陷入和这些学生相似的困惑：我看到了这个产业生产模式的很多问题，也看到了很多深陷其中的从业者的挣扎，但是我却无能为力。这种困惑感一度让我的研究陷入了瓶颈，一直到 2017 年，在我读博士期间的同事，现任教于英国诺丁汉大学的 Daniel Mutibwa 博士的邀请下，我和他开始了对深圳的创客群体的田野调查。在和这些或是曾任职于互联网公司，或是获得互联网资本资助的创客们的交流过程中，我看到了曾经的“互联网理想”再次萌芽，这种似曾相识的对弱势群体和自身所处社区的道德关怀与生产实践令我突然对批判的意义有所领悟：正是对互联网产业存在的问题有了深入的理解，这些创客群体才选择脱离远悖于他们愿景的互联网，通过创客实践来重新开拓他们的“理想主义”。我们当下看到的互联网产业生产模式问题丛生，但并不代表这类问题会长久存在甚至无限蔓延。从业者们或许会带着“互联网理想”开疆扩土，这类理想的再实践终将回答我们的困惑——我们研究的意义，或是学习研究的意义也许就在于挖掘这些从业者的主体性。更甚者，作为未来的从业者，学会如何挖掘自身群体的主体性，如何有效地实现主体性，也许正是学生学习批判理论的意义所在。

当然，对于学生来说，为了解决此类困惑而去从事一个田野调查研究未免显得过于不现实。在主体性研究中，对于个体的主体性实践问题，常有的讨论往往集中于文化研究领域对于日常的“生产破坏”和“小心疏忽”等实践行为的探讨（例如，Scott，1985；Fiske，1992；Fleming & Spicer，2003；Prasad & Prasad，2000；Knight & McCabe，2000；Fleming & Sewell，2002）。斯科特(James Scott)对马来西亚农民抵抗的研究集中在对其日常抗争行为的描述与分析中，正如他的书的标题所指出的——弱者的武器：农民抵抗的日常形式（Weapons of the Weak：Everyday forms of Peasants Resistance）。在书中，斯科特强调了底层人民的个体化和隐蔽式的抵抗，诸如纵火、怠工、偷窃等行为。他认为，底层团体经常以“几乎不需要或根本不需要协调或规划”（require little or no coordination or planning）“代表着一种个体性自我救助”（represent a form of individual self-help）“避免与权威或精英规范发生任何直接象征性对抗”(avoid any direct symbolic confrontation with authority or with elite norms)的方式进行抵抗(Scott, 1985: 29)。其中,“避免与权威进行任何直接的象征性对抗”的行为被理解为一种协商(negotiation)形式,而不是抵抗(resistance)。诚如斯科特所述,互联网产业中也不乏此类“协商形式”。比如我在前文中提及,小珍在我离开前的最后一段时间,因为忙于写毕业论文和找工作而无法继续实习,但是游戏厂又要求她找到下一个接替的实习生才能辞职,因此她最终选择的抗议手段就是请假一整个礼拜,进行消极抵抗。此类“消极抵抗”,从某种角度来说,恰恰是斯科特在马来西亚农民群体中发现的根植于日常生产实践的协商形式。但是,与斯科特的日常抵抗或是协商形式的政治有效性备受争议雷同,实习生的这类消极抵抗往往不能产生直接而行之有效的成果。更甚者,这类抵抗不公正待遇的实践行为往往受限于实习生群体自身的等级性而充斥着竞争与矛盾,最终导致其无效性。

然而,正如斯科特的研究所揭示的一样,底层人民在宏大的历史进程中,通过不断地创造反抗策略来实现其历史主体性。在宏大的互联网产业发展进程中,从业者的协商/抵抗意识以及对于未来从业者的协商/抵抗意识的培育恰恰是挖掘及建构其主体性的重要路径。对于无法从事田野调查研究的学生而言,认识到建构主体性的重要性,以及在日常生活中有意识地培养对于主体性建构的认知,则显得尤为重要与可行。简单来说,除了学习批判理论并尝试用其理解互联网产业中出现的现象以外,学生群体在日常生活中对于劳动产生的价值与意义的领会也同样重要。

如果互联网工作的高压试图将从业者压缩为一颗机器上的螺丝钉，那么如果每一颗螺丝钉试图通过日常生活实践来找寻自我丰富的可能性，或许会使自己有效地摆脱螺丝钉的身份与命运。我们或许可以在赖以谋生的互联网工作之外，找寻这份工作对于自我实现的意义与价值——更甚者，可以去寻找这份工作对于他/她者群体的帮助。无论这类自我实现与对他/她者群体的帮助是如何微小，这种另类途径的探寻都有可能引领“互联网理想”的重生与重构。我相信，如今“斜杠青年”的产生在某种程度上正是对这类自我实现与对他/她者群体帮助的实践与回应。当然，作为缺乏具体实证研究的非文化研究领域人士，我本人并无资格对此社会现象在此展开讨论。取而代之，我将在下节中对我和我的搭档 Daniel Mutibwa 博士在深圳创客群体中的田野调查研究进行简略的介绍。在此基础上，向我的读者进一步阐释，何谓“互联网理想”在另一领域中的拓展与实现。

7.3 还有希望吗？希望在哪里？

2017 年夏天，在 Daniel Mutibwa 博士的努力下，我们成功获得了英国艺术与人文科学研究委员会（Arts and Humanities Research Council）的资助，赶赴深圳进行一个名为“新山寨：关于深圳协同创意社区及其相关创业模式、价值观、伦理、实践模式和生产流程的民族志”（“New Shanzhai”：Ethnographies of collaborative creative communities and associated innovative business models，values，ethics and modes of practice and production processes in

Shenzhen)的课题研究。在为期三个月的田野调查中(受限于当时的教学任务，我个人只在深圳进行了三个月的田野调查，Daniel Mutibwa 博士于 2017—2018 年期间在深圳、台湾、香港三地进行了多段平均为期 1—3 个月的田野调查)，我们通过入驻 X-Factory 和 Hax 两个创客空间(Daniel Mutibwa 博士选择在 Hax 拥有一个固定工位，每日按时与创客们上下班，参与他们的日常工作实践；我则选择在 X-Factory 四处“游荡”，每日除了与入驻空间的创客们聊天、约访谈以外，还会跟随一些创客参与他们晚上的私人活动，包括一些行业聚会等)，完成了 51 个半结构式访谈和 6 个焦点访谈小组，我个人还习惯性地添加了近 9 万字的田野观察笔记。

在此段田野调查中，我惊喜地发现，创客们的一些源自社会文化层面的生产实践在很大程度上体现了“互联网理想主义”，并在一定程度上对其进行了拓展。比如，一些创客空间通过在空间设置上进行有意识的安排来组织创客的社交活动，培养他们的创作者意识，以便加强创客群体自由分享和相互支持的意识。有些创客群体的项目则是希望促进弱势社群融入社会并建立可持续发展的生态系统。还有一些创客空间设立了固定的教育项目，通过培育学生群体对身边社区的关怀意识来实现对于自身社群的可持续创建。受限于我们这部分发表还在进行中的版权限制，我无法对过多的田野数据进行分析，在此仅对一个我印象最为深刻的案例进行简要的分析，来对我提出的“希望”进行阐释。

2017 年夏日的一个创客酒会上，我受邀参观了 Lichee Lab 的一个创客教育项目。这个项目是 Lichee Lab 与当地一所小学共同建立的一个长期的创客教育实验室项目。Lichee Lab 会组织参加的小学生参观附近的城中村，观察当地居民生活中的不便与困难，之后组织各类工作坊，由各个创客担任导师，对每个小组进行辅导。这些辅导包括拟定解决的问题、提出解决方案、讨论方案所需的工具和技能等。学生们会被鼓励使用 Lichee Lab 中诸如 3D 打印机之类的模型和工具来实现他们的解决方案。最终，我看到了当时最新一期的一组成品（见图 7.1）：

图 7.1　小学生们的“城中村改造”项目展示

当我被告知这是小学生的作品时，我除了惊叹于小学生的实践动手能力之外，更是欣喜于创客空间和教育体系对于此类关注社会公共空间的意识培养。这类意识培养或许与初代互联网奋斗者们所期望的改变人类社会与命运的宏大愿景相距甚远——但是，当我们开始依托于教育体系，对我们的下一代进行公共服务与公共空间构建的意识培养，引导他们对于创作的产品进行社会意义层面上的思考，培养他们建立除了创作者之外的、立足于自身所处社群的主体性意识时，我相信，我们在反思互联网产业生产模式问题基础上所试图找寻的希望之源正在冉冉升起。

正是在这些田野观察中触及的案例，令我和 Daniel Mutibwa 博士决定继续探寻互联网产业之外的“互联网理想”萌发与实践之地。他选择继续探索创客教育，而我则选择与浙江大学的吴桐雨副教授进入人工智能数据标注产业去探索从业者主体性建构的新领域，希望在不久的将来，我们能有机会给读者们讲述一段新的“理想主义故事”。

参考文献

Alvesson, M. and Ashcraft, K. L. (2012) Interviews. In: Symon, G. & Cassell, C. ed. *Qualitative organizational research: core methods and current challenges*. London: Sage.

Amin, S. (2013) China 2013. *Monthly Review* 64 (10): 14 – 33.

Anagnost, A. (2008) From "class" to "social strata": grasping the social totality in reform-era China. *Third World Quarterly* 29 (3): 497 – 519.

Anderson, C. (2012) *Makers: The new industrial revolution*. London: Random House Business.

Andreas, J. (2008) Changing colours in China. *New Left Review* 54: 123 – 142.

Andreas, J. (2010) A Shanghai Model? On Capitalism with Chinese Characteristics. *New Left Review* Sep-Oct 2010: 63 – 85.

Andrejevic, M. (2009) Exploiting YouTube: contradictions of user-generated labour. In: Snickers, P. and Vonderau, P. ed. *The YouTube Reader*. Stockholm: National Library of Sweden.

Anwar, M. A. and Graham, M. (2020) Digital labour at economic margins:

African workers and the global information economy. *Review of African Political Economy* 47(163)：1–23.

Arif，D. and Zhang，X. (1997) *Postmodernism and China*. Durham，NC：Duke University Press.

Arrighi，G. (2007) *Adam Smith in Beijing: Lineages of the twenty-first century*. London：Verso.

Arviddson，A. (2005) Brands. *Journal of Consumer culture* 5(2)：235–258.

Arvidsson，A. (2008) The ethical economy of customer coproduction. *Journal of Macromarketing* 28(4)：326–338.

Banks，M. (2007) *The Politics of Cultural Work*. UK：Palgrave Macmillan.

Banks，M. (2010) Autonomy Guaranteed? Cultural Work and the "Art-Commerce Relation". *Journal for Cultural Research* 14(3)：251–270.

Banks，M. (2010) Craft Labour and Creative Industries. *International Journal of Cultural Policy* 16(3)：305–322.

Banks，M. and Hesmondhalgh，D. (2009) Looking for work in creative industries policy. *International Journal of Cultural Policy* 15 (4)：415–430.

Barbrook，R. (1998/2005) The high-tech gift economy. *First Monday*. Special issue #3：internet banking，e-money，and internet gift economies.

Berg，J. et al. (2018) *Digital labour platforms and the future of work: Towards decent work in the online world*.

Berg，P. T. and Schalk，R. (1997) Type a behaviour，well-being，work overload，and role-related stress in information work. *Journal of Social Behavior and Personality* 12(1)：175–187.

Bian，Y. (2002) Chinese social stratification and social mobility. *Annual Review of Sociology* 28：91–116.

Bill, A. (2012) "Blood, sweat and shears": happiness, creativity, and fashion education. *Fashion Theory* 16(1): 49 - 66.

Bodnar, C. (2006) Taking it to the streets: French cultural worker resistance and the creation of a precariat movement. *Canadian Journal of Communication* 31: 675 - 694.

Bouchard, T. (1976) Field Research Methods: Interviewing, Questionnaire, Participant Observation, Systematic Observation, Unobtrusive Measures. In: *Handbook of Industrial and Organizational Psychology*. Chicago: Rand McNally College Publication.

Brannan, M.J. and Oultram, T. (2002) Participant observation. In: Symon, G. and Cassell, C. ed. *Qualitative organizational research: core methods and current challenges*. London: Sage.

Braverman, H. (1974) *Labour and monopoly capitalism*. New York: Monthly Review Press.

Breen, R. (2002) Foundations of class analysis in the Weberian tradition. In: Wright, E.O. ed. *Alternative Foundations of Class Analysis*. Cambridge: Cambridge University Press.

Brophy, E. (2006) System error: labour precarity and collective organising at Microsoft. *Canadian Journal of Communication* 31: 619 - 638.

Brophy, E. and de Peuter, G. (2007) Immaterial labor, precarity, and recomposition. In: McKercher, C. and Mosco, V. ed. *Knowledge Workers in the Information Society*. Lanham, MD: Lexington Books.

Brown, V. and DeCant, K. (2014) Exploiting Chinese interns as unprotected industrial labor. *Asian-Pacific Law & Policy Journal* 15(2): 150 - 195.

Burawoy, M. (1979) *Manufacturing consent: changes in the labour process under monopoly capitalism*. Chicago and London: The University of

Chicago Press.

Burawoy, M. and Wright, E.O. (2002) Sociological Marxism. In: Turner, J.H. ed. *Handbook of Sociological Theory*. University of Wisconsin: Springer.

Burners-Lee, T. (2003) *Web Accessibility Initiative (WAI) website*. [Online]. [Accessed 7th August 2012]. Available from: http://www.w.org/WAI/.

Callinicos, A. (1983) *The revolutionary ideas of Karl Marx*. London: Bookmarks.

Callinicos, A. (1989) *Marxist theory*. Oxford, New York and Toronto: Oxford University Press.

Callinicos, A. (2000) *Equality*. Cambridge, Oxford, and Malden: Polity Press and Blackwell Publisher.

Callinicos, A. (2004) *Making history: agency, structure, and change in social theory*. Leiden: Koninklijke Brill NV.

Calvey, D. (2000) Getting on the door and staying there: a covert participant observational study of bouncers. In: Lee-Treweek, G. and Linkogle, S. ed. *Danger in the Field: Risk and Ethics in Social Research*. London: Routledge.

Cederstrom, C. and Fleming, P. (2012) *Dead man working*. Winchester, Washington: Zero books.

Chan, J. and Pun, N. (2010) Suicide as protest for the new generation of Chinese migrant workers: Foxconn, global capital and the state. *The Asia-Pacific Journal* 37: 2-10.

Chen, A. (2002) Capitalist development, entrepreneurial class, and democratization in China. *Political Science Quarterly* 117 (3): 401-422.

Choi, S., Leiter, J. and Tomaskovic-Devey, D. (2008) Contingent autonomy:

technology, bureaucracy, and relative power in the labour process. *Work and Occupations* 35(4): 422 - 455.

Christopherson, S. (2004) The divergent worlds of new media: how policy shapes work in the creative economy. *Review of Policy Research* 21(4): 543 - 548.

Chun, L. (2006) *The transformation of Chinese socialism*. Durham, NC, London: Duke University Press.

Clegg, S. (1989) *Frameworks of power*. London, Newbury Park and New Delhi: Sage.

Cohen, G. A. (1978) *Karl Marx's theory of history: a defence*. Oxford: Clarendon Press.

Cohen, G. A. (1995) *Self-ownership, freedom, and equality*. Cambridge: Cambridge University Press.

Cohen, L. and Ravishankar, M. N. (2012) Doing qualitative business and management research in international and intercultural contexts. In: Symon, G. and Cassell, C. ed. *Qualitative organizational research: core methods and current challenges*. London: Sage.

Cohen, N. (2012) Cultural work as a site of struggle: Freelancers and exploitation. *Triple C* 10(2): 141 - 155.

Collinson, D. (1994) Strategies of resistance: power, knowledge and subjectivity in the workplace. In: Jermier, J., Knights, D. and Nord, W. ed. *Resistance and Power in Organizations*. London: Routledge.

Collinson, D. (2003) Identities and insecurities: selves at work. *Organisation* 10(3): 527 - 547.

Cox, O. C. (1950) Max Weber on social stratification: a critique. *American Sociological Review* 15(2): 223 - 227.

Craig, R. (2004) Business, advertising, and the social control of news. *Journal of Communication Inquiry* 28: 233 - 252.

Crompton, R. (1987) Gender, status and professionalism. *Sociology* 21(3): 413 - 428.

Davis, D. (2000) Social class transformation in urban China: training, hiring, and promoting urban professionals and managers after 1949. *Modern China* 26(3): 251 - 275.

De Peuter, G. (2011) Creative economy and labour precarity: a contested convergence. *Journal of Communication Inquiry* 35(4): 417 - 425.

Dickson, B. J. (2003) *Red capitalists in China: the party, private entrepreneurs, and prospects for political change*. Cambridge: Cambridge University Press.

Dickson, B. J. (2011) Who Consents to the "Beijing Consensus": Crony Communism in China. In: *In search of China's development model: beyond the Beijing Consensus*. London: Routledge.

Dirlik, A. (2004) China's critical intelligentsia. *New Left Review* 28: 130 - 138.

Douglas, J. (1976) *Investigative social research: individual and team field research*. Beverly Hills, CA: Sage.

Du Gay, P. (1998) *Production of Culture/Cultures of Production*. London: Sage.

Duckett, J. (2001) Bureaucrats in business, Chinese-style: the lessons of market reform and state entrepreneurialism in the People's Republic of China. *World Development* 29(1): 23 - 37.

Dyer-Witheford, N. (2005) Cyber-Negri: General Intellect and Immaterial Labor. In: Murphy, T. and Mustapha, A. ed. *Resistance in Practice: the*

Philosophy of Antonio Negri. London: Pluto Press.

Eckhardt, J. et al. (2021) Gender in the making: An empirical approach to understand gender relations in the market movement. *International Journal of Human-Computer Studies* 145: 1 - 14.

Edwards, R. (1979) *Contested terrain: The transformation of workplace in the twentieth century*. New York: Basic Books.

Edwards, P.K. and Scullion, H. (1982) *The social organization of industrial conflict: control and resistance in the workplace*. Oxford: Basil Blackwell.

Edwards, P. and Wajcman, J. (2005) *The politics of working life*. Oxford and New York: Oxford University Press.

Ekinsmyth, C. (2002) Embedded project-production in magazine publishing: a case of self-exploitation? In: Taylor, M. and Leonard, S. ed. *Embedded Enterprise and Social Capital*. Hampshire, England: Ashgate Publishing.

Elvin, M. (2011) China's multiple revolutions. *New Left Review* 71: 83 - 101.

Ezzy, D. (1997) Subjectivity and the labour process: conceptualising "good work". *Sociology* 31(3): 427 - 444.

Ferdinand, J., Pearson, G., Rowe, M. and Worthington, F. (2007) A different kind of ethics. *Ethnography* 8(4): 519 - 543.

Fielding, N. (1993) Ethnography. In: Gilbert, N. ed. *Researching Social Life*. London: Sage.

Fielding, N. (1993) Qualitative Interviewing. In: Gilbert, N. ed. *Researching Social Life*. London: Sage.

Fiske, J. (1992) Cultural studies and the culture of everyday life. In: Grossberg, L., Nelson, C. and Treichler, P.A. ed. *Cultural Studies*. New York, London: Routledge.

Fleming, P. and Sewell, G. (2002) Looking for the good soldier, Svejk: alternative modalities of resistance in contemporary workplace. *Sociology* 36(4): 857 - 873.

Fleming, P. and Spicer, A. (2003) Working at a cynical distance: Implications for power, subjectivity and resistance. *Organization* 10(1): 157 - 179.

Florida, R. (2002) *The rise of the creative class: and how it's transforming work, leisure, community and everyday life*. New York: Basic books.

Foster, J. (2002) Monopoly Capital and the New Globalization. *Monthly Review* 53(8): 1 - 16.

Foster, J. (2007) The Financialization of Capitalism. *Monthly Review* 58(11): 1 - 12.

Foster, J. (2009) A Failed System: The World Crisis of Capitalist Globalization and its Impact on China. *Monthly Review* 60(10): 1 - 23.

Fraser, J. and Gold, M. (2001) "Portfolio workers": autonomy and control amongst freelance translators. *Work, Employment and Society* 15(4): 679 - 697.

Friedman, A. (1977) *Industry and labour: class struggle at work and monopoly capitalism*. London and Basingstoke: The Macmillan Press.

Fuchs, C. (2010) Labour in Informational Capitalism and on the internet. *The Information Society* 26: 179 - 196.

Fuchs, C. (2011) Cognitive Capitalism or Informational Capitalism? The role of class in the information economy. In: Michael, P. and Ergin, B. ed. *Cognitive capitalism, education and digital labour*. New York: Peter Lang.

Fuchs, C. (2012) Towards Marxian internet studies. *Triple C* 10(2): 392 - 412.

Fuchs, C. (2012) With or without Marx? With or without Capitalism? A rejoinder to Adam Arvidsson and Eleanor Colleoni. *Triple C* 10 (2): 633 - 645.

Fuchs, C. (2015) *Culture and Economy in the Age of Social Media*. New York: Routledge.

Fuchs, C. (2015) Dallas Smythe and digital labor. In: Maxwell, R. ed. *Routledge companion to labor and media*. New York: Routledge.

Fuchs, C. (2016) *Reading Marx in the Information Age: A Media and Communication Studies Perspective on "Capital Volume 1"*. New York: Routledge.

Fuchs, C. (2017) *Social Media: A Critical Introduction*. London: Sage. Second edition.

Fuchs, C. and Sandoval, M. (2014) Digital workers of the world unite! A framework for critically theorizing and analyzing digital labour. *Communication, Capitalism and Critique* 12(2): 486 - 563.

Fudge, J. (2003) Labour Protection for Self-Employed Workers. *Just Labour* 3: 36 - 45.

Garnham, N. (2005) From cultural to creative industries: an analysis of the implications of the "creative industries" approach to arts and media policy making in the United Kingdom. *International Journal of Cultural Policy* 11(1): 15 - 29.

Gill, R. (2002) Cool, creative and egalitarian? Exploring gender in project-based new media work in Europe. *Information, Communication and Society* 5(1): 70 - 89.

Gill, R. (2007) *Technobohemians or the new cybertariat? New media work in Amsterdam a decade after the web*. Network Notebooks. Amsterdam:

Institute of Network Cultures.

Gill, R. and Pratt, A. (2008) In the social factory? Immaterial labour, precariousness, and cultural work. *Theory, Culture & Society* 25(7 - 8): 1 - 30.

Gold, T., Guthrie, D. and Wank, D. (2002) *Social connections in China: institutions, culture, and the changing nature of Guanxi*. Cambridge: Cambridge University Press.

Gottfried, H. (1994) Learning the score: the duality of control and everyday resistance in the temporary-help service industry. In: Jermier, J., Knights, D. and Nord, W. ed. *Resistance and Power in Organizations*. London: Routledge.

Graham, M., Hjorth, I. and Lehdonvirta, V. (2017) Digital labour and development: Impacts of global digital labour platforms and the gig economy on worker livelihoods. Transfer: *European Review of Labour and Research* 23 (2): 135 - 162.

Graham, M. and Anwar, M.A. (2018) Digital labour. In: Ash, Kitchin, and Leszczynski, ed. *Digital Geographies*. London: Sage.

Green, F. (2006) *Demanding work: the paradox of job quality in the affluent economy*. New Jersy, Oxfordshire: Princeton University Press.

Hammersley, M. and Atkinson, P. (1995) *Ethnography: Principles in Practice*. London: Routledge.

Hardt, M. and Negri, A. (2000) *Empire*. Cambridge: Harvard University Press.

Hardt, M. and Negri, A. (2005) *Multitude*. Cambridge, MA: Harvard University Press.

Harrell, S. (1985) Why do the Chinese work so hard?: reflections on an entrepreneurial ethic. *Modern China* 11(2)：203 - 226.

Harvey，D. (2002) Agency and community：A critical realist paradigm. *Journal for the Theory of Social Behaviour* 32(2)：163 - 194.

Harvey，D. (2005) *A brief history of neoliberalism*. Oxford，New York：Oxford University Press.

Harvey，D. (2007) In what ways is "The New Imperialism" really new?. *Historical Materialism* 15：57 - 70.

Harvey，D. (2008) The right to the city. *New Left Review* Sep-Oct：23 - 40.

Harvey，D. (2012) *Rebel Cities: From the Right to the City to the Urban Revolution*. London：Verso.

Haynes，K. (2012) Reflexivity in qualitative research. In：Symon，G. and Cassell，C. ed. *Qualitative organizational research: core methods and current challenges*. London：Sage.

Hesmondhalgh，D. (2006) *Media Production*. New York：Open University Press.

Hesmondhalgh，D. (2010) User-generated content，free labour and the cultural industries. *Ephemera: theory and politics in organization* 10(3 - 4)：267 - 284.

Hesmondhalgh，D. and Baker，S. (2008) Creative Work and Emotional Labour in the Television Industry. *Theory，Culture & Society* 25 (7 - 8)：97 - 118.

Hesmondhalgh，D. and Baker，S. (2010) *Creative Labour: Media Work in Three Cultural Industries*. Abingdon and New York：Routledge.

Hesmondhalgh，D. and Baker，S. (2010) "A Very Complicated Version of Freedom"：Conditions and Experiences of Creative Labour in Three Cultural Industries. *Poetics* 38：4 - 20.

Hilferding，R. (1910/1981) *Finance Capital: A Study of the Latest Phase of*

Capitalist Development. London: Routledge & Kegan Paul.

Hills, M. (2002) *Fan Cultures*. London and New York, NY: Routledge.

Hodson, R. (2001) *Dignity at work*. Cambridge, New York: Cambridge University Press.

Hong, Y. (2017) Pivot to Internet Plus: Molding China's Digital Economy for Economic Restructuring? *International Journal of Communication* 11: 1486 - 1506.

Hong, Y. (2017) *Networking China: The Digital Transformation of the Chinese Economy*. University of Illinois Press.

Hu, A. G., Zhou, P. and Li, C.B. (2001) 1978 - 2000: Regional Differences in China's Economic and Social Developments. In: Xing, R. ed. *China social situation analysis and forecast*. Beijing: Shehui kexue wenxian chubanshe.

Huang, Y. (2008) *Capitalism with Chinese Characteristics: Entrepreneur and the State*. Cambridge, New York: Cambridge University Press.

Huang, Y. (2010) The politics of China's path, a reply to Joel Andreas. *New Left Review* Sep-Oct 2010: 87 - 91.

Huws, U. (2007) Defragmenting: towards a critical understanding of the new global division of labour. *Work Organisation, Labour & Globalisation* 1(2): 1 - 4.

Iinuma, K. (2000) From Imitation to Creativity. In: Inkster, I. and Satofuka, F. ed. *Culture and Technology in Modern Japan*. London and New York: I.B, Tauris.

Jameson, F. (1991) *Postmodernism, or, the Cultural Logic of Late Capitalism*. Durham, NC: Duke University Press.

Jenkins, H. (2006) *Fans, Bloggers, and Gamers: Exploring Participatory Culture*. New York: New York University Press.

Jenkins, H. (2008) *Convergence Culture: where old and new media collide*. New York and London: New York University Press.

Johnson, R. (2006) Bourdieu and the journalistic field. *Journal of Communication Inquiry* 30: 276 - 279.

Keane, M. and Zhao, E.J. (2013) Renegades on the frontier of innovation: The shanzhai grassroots communities of Shenzhen in China's creative economy. *Eurasian Geography and Economics* 53(2): 216 - 230.

Kennedy, H. (2010) Network: the professionalization of Web design. *Media, Culture & Society* 32(2): 187 - 203.

Kennedy, H. (2012) *Net Work: Ethics and Values in Web Design*. Basingstoke: Palgrave Macmillan.

Kenneth, Y. (2011) The aborted Green dam-youth escort censor-ware project in China: A case study of emerging civic participation in China's internet policy-making process. *Telematics & Informatics* 28(2): 101 - 111.

Kim, J. W. (2005) Culture and Its Discontents: A Theory of Autonomy for Communication Studies. In: *International Communication Association Annual Meeting*. 26th - 30th May 2005, New York.

Kim, J. W. (2009) A Concept of Autonomy for Critical Communication Studies. *Journal of Communication Inquiry* 33: 126 - 142.

Knights, D. (1990) Subjectivity, Power and the Labour Process. In: Knights, D. and Willmott, H. eds. *Labour Process Theory*. Basingstoke: Macmillan.

Knights, D. and Willmott, H. (1989) Power and subjectivity at work: from degradation to subjugation in social relations. *Sociology* 23(4): 535 - 558.

Knight, D. and McCabe, D. (2000) "Ain't misbehavin"? Opportunities for resistance under new forms of "quality" management. *Sociology* 34(3): 421 - 436.

Koivisto, J. and Valiverronen, E. (1996) The resurgence of the critical theories of public sphere. *Journal of Communication Inquiry* 20: 18 – 36.

Lazzarato, M. (1996) Immaterial labour. In: Virno, P. and Hardt, M. ed. *Radical thought in Italy*. Minneapolis: University of Minnesota Press.

Lee, B. (2012) Using documents in organizational research. In: Symon, G. and Cassell, C. ed. *Qualitative organizational research: core methods and current challenges*. London: Sage.

Lei, Y. (2011) The Political Consequences of the Rise of the Internet: Political Beliefs and Practices of Chinese Netizens. *Political Communication* 28(3): 291 – 322.

Leung, L. (2008) *Digital experience design*. Bristol: Intellect Books.

Li, C. (2008) Zhongguo zhongchan jieji de zengzhang jiqi xianzhuang. *Jiangsu Social Sciences* 5: 1 – 18.

Li, M. (2016) *China and the* **21**st *century Crisis*. London: Pluto Press.

Li, P. and Song, S. (2016) What Pushes Up China's Urban Housing Price so High?. *The Chinese Economy* 49 (2): 128 – 141.

Li, Q. (2010) An analysis of the IT technological workers' satisfaction of future prospects. *Journal of Guangxi University for Nationalities* 32(1): 127 – 130.

Lim, C. and Lay, C. (2003) Confucianism and the protestant work ethic. *Asia Europe Journal* 1: 321 – 322.

Lin, C. (2013) *China and Global Capitalism: Reflections on Marxism, History, and Contemporary Politics*. New York: Palgrave Macmillan.

Lin, C. (2012) Marxism and the Politics of Positioning China in World History. *Inter-Asia Cultural Studies* 13(3): 438 – 466.

Lin, Q. et al. (2020) Assessing learning in technology-rich maker activities: A systematic review of empirical research. *Computers & Education* 157: 1 - 22.

Lister, M., Dovey, J., Giiddens, S., Grant, I. and Kelly, K. (2008) *New Media: A Critical Introduction*. London: Routledge.

Liu, X., Xie, Y. and Wu, M. (2015) How latecomers innovate through technology modularization: Evidence from China's shanzhai industry. *Innovation* 17(2): 266 - 280.

Lindtner, S. (2014) Hackerspaces and the Internet of Things in China: How makers are reinventing industrial production, innovation, and the self. *China Information* 28(2): 145 - 167.

Lindtner, S., Greenspan, A. and Li, D. (2015) Designed in Shenzhen: shanzhai manufacturing and maker entrepreneurs. *Proceeding of The Fifth Decennial Aarhus Conference on Critical Alternatives* August 2015: 85 - 96.

Lindtner, S. and Li, D. (2012) Created in China: The makings of China's hackerspace community. *Community + Culture Forum*: 18 - 22.

Ljungqvist, A. and Wilhelm, W. (2003) IPO Pricing in the Dot-Com Bubble. *The Journal of Finance* 58(2): 723 - 752.

Llobera, J. (1998) Historical and Comparative Research. In: Seale, C. ed. *Researching Society and Culture*. London: Sage.

Lu, J. and Webber, I. (2009) Internet Software Piracy in China: A User Analysis of Resistance to Global Software Copyright Enforcement. *Journal of International & Intercultural Communication* 2(4): 298 - 317.

Lu, G., Liu, S. and Zhong, Y. (2009) An analysis of gender disparity in the demand of higher education and choice of study subject. *Journal of Higher Education* 30(10): 14 - 29.

Lu, X. (2005) Ruins of the future: class and history in Wang Bing's Tiexi

District. *New Left Review* 31：125 - 136.

Madison, D. S. (2012) *Critical ethnography: method, ethics, and performance*. Los Angeles, London: Sage.

Magdoff, H. and Sweezy, P. (1987) *Stagnation and the Financial Explosion*. New York: Monthly Review Press.

Marx, K. (1867) *Capital: Volume I*. London: Penguin.

Marx, K. (1894) *Capital: Volume III*. London: Penguin.

McChesney, R.W. (2013) *Digital Disconnect: How Capitalism is Turning the Internet Against Democracy*. New York and London: The New Press.

McKercher, C. and Mosco, V. (2008) *Knowledge workers in the information society*. Lanham, Plymouth: Lexington books.

McRobbie, A. (2000) The Return to Cultural Production Case Study: Fashion Journalism. In: Curran, J. and Gurevitch, M. ed. *Mass Communications in Society*. London: Arnold.

McRobbie, A. (2002) From Holloway to Hollywood: happiness at work in the new cultural economy?. In: du Gay, P. and Pryke, M. ed. *Culture, Representation and Identities: Cultural Economy*. London: Sage.

Mengoni, L. (2015) *From Shenzhen: Shanzhai and the Maker movement*. [Online]. [Accessed 22th July 2019]. Available from: http://www.vam.ac.uk/shekou/from-shenzhen-shanzhai-and-the-maker-movement/.

Mengoni, L. (2016) *The pirates and the Makers/Shanzhai*. [Online]. [Accessed 22th July 2019]. Available from: http://www.vam.ac.uk/shekou/uaod-part-7-the-pirates-and-the-makers-shanzhai/.

Milberg, W. and Winkler, D. (2013) *Outsourcing Economics Global Value Chains in Capitalist Development*. Cambridge, UK: Cambridge University Press.

Mok, K. H. and Lo, Y. W. (2007) The Impacts of Neo-Liberalism on China's Higher Education. *Journal for Critical Education Policy Studies* 5(1): 316－348.

Muirhead, R. (2004) *Just Work*. Harvard University Press.

Neff, G., Wissinger, E. and Zukin, S. (2005) Entrepreneurial labour among cultural producers: "cool" jobs in "hot" industries. *Social Semiotics* 15: 307－334.

Negri, A. (1989) *The Politics of Subversion: A Manifesto for the Twenty-First Century*. Cambridge: Polity Press.

Neilson, B. and Rossiter, N. (2006) From precarity to precariousness and back again: labour, life and unstable networks. *Variant* 25: 10－13.

Neilson, B. and Rossiter, N. (2008) Precarity as a political concept, or, Fordism as exception. *Theory, Culture & Society* 25(7－8): 51－72.

Nixon, B. (2016) The old media business in the new: "the googlization of everything" as the capitalization of digital consumption. *Media, Culture and Society* 38(2): 212－232.

Nixon, S. and Crewe, B. (2004) Pleasure at work? Gender, consumption and work based identities in the creative industries. *Consumption, Markets and Culture* 7(2): 129－147.

Noon, M. and Blyton, P. (2007) *The realities of work: experiencing work and employment in contemporary society*. Houndmills, Basingstoke: Palgrave Macmillan.

Oakley, K. (2011) In its own image: new labour and the cultural workforce. *Cultural Trends* 20(3－4): 281－289.

O'Connor, J. (2000) The definition of the "Cultural Industries". *The European Journal of Arts Education* 2(3): 15－27.

O'Connor, J. and Gu, X. (2012) Creative industry clusters in Shanghai: a success story?. *International Journal of Cultural Policy*: 1-20.

O'Doherty, D. and Willmott, H. (2001) Debating labour process theory: the issue of subjectivity and the relevance of poststructuralism. *Sociology* 35(2): 457-476.

Ornebring, H. (2008) The Consumer as Producer-of What? User-generated tabloid content in the Sun (UK) and Aftonbladet (Sweden). *Journalism Studies* 9(5): 771-785.

Pakulski, J. and Waters, M. (1996) Misreading status as class: a reply to our critics. *Theory and Society* 25: 731-736.

Perlin, R. (2011) *Intern nation: how to earn nothing and learn little in the brave new economy*. London: Verso.

Pun, N., Shen, Y., Guo, Y., Lu, Y., Lu, H., Chan, J. and Selden, M. (2016) Apple, Foxconn, and Chinese workers' struggles from a global labor perspective. *Inter-Asia Cultural Studies* 17(2): 166-185.

Prak, M. (2000) *Early modern capitalism: economic and social change in Europe* 1400-1800. London: Routledge.

Prasad, P. and Prasad, A. (2000) Stretching and iron cage: The constitution and implications of routine workplace resistance. *Organization Science* 11(4): 387-403.

Qiu, L.J. (2009) *Working-Class Network Society: Communication Technology and the Information Have-Less in Urban China*. London: The MIT Press.

Qiu, L. (2014) Goodbye iSlave: Foxconn, digital capitalism, and networked labor resistance. *Society: Chinese Journal of Sociology* 34(4): 119-137.

Rani, U. and Furrer, M. (2020) Digital labour platforms and new forms of flexible work in developing countries: Algorithmic management of work and workers. *Competition & Change* February 2020.

Reddy, S. (2007) Death in China. *New Left Review* 45: 49 - 65.

Ren, X. (2016) Copyright, media and modernization in China: A historical review, 1890 - 2015. *Interactions: Studies in Communication & Culture* 7(3): 311 - 326.

Rifkin, J. (2014) *The Zero Marginal Cost Society: The Internet of Things, the Collaborative commons, and the eclipse of capitalism*. New York, NY: Palgrave Macmillan.

Roemer, J.E. (1982) *A general theory of exploitation and class*. Cambridge, Massachusetts, and London: Harvard University Press.

Ross, A. (2000) The mental labour problem. *Social Text* 63. 18(2): 1 - 32.

Ross, A. (2005) *Fast boat to China: high-tech outsourcing and the consequences of free trade: lessons from Shanghai*. New York: Vintage Books.

Ross, A. (2007) Nice Work if You Can Get It: The Mercurial Career of Creative Industries Policy. In: Lovink, G. and Rossiter. ed. *My Creativity Reader: A Critique of Creative Industries*. Amsterdam: Institute of Network Cultures.

Ross, A. (2008) The new geography of work: power to the precarious?. *Theory, Culture & Society* 25(7 - 8): 31 - 49.

Ryan, B. (1992) *Making Capital from Culture*. Berlin/New York: Walter de Gruyter.

Salaman, G. (1979) *Work organizations: resistance and control*. London and New York: Longman.

Saunders, T. and Kingsley, J. (2016) *Made in China: Makerspaces and the search for mass innovation*. [Online]. [Accessed 22th July 2019]. Available from: https: //www. nesta. org. uk/sites/default/files/made _ in _ china-_ makerspaces_report. pdf.

Seale, C. (1998) *Researching society and culture*. London: Sage.

Schad, M. and Jones, W. (2019) The maker movement and education: A systematic review of the literature. *Journal of Research on Technology in Education* 52(1): 148 - 164.

Schiller, D. (2000) *Digital Capitalism: Networking the Global Market System*. London: MIT Press.

Schiller, D. (2005) Pole of Market Growth? Open Questions about China, Information and the World Economy. *Global Media and Communication* 1(1): 79 - 103.

Schiller, D. (2011) Power Under Pressure: Digital Capitalism in Crisis. *International Journal of Communication* 5: 924 - 941.

Schiller, D. (2014) *Digital Depression: Information, Technology, and Economic Crisis*. Urbana, Chicago, and Springfield: University of Illinois Press.

Scott, J. (1985) *Weapons of the weak: everyday forms of peasant resistance*. New Haven and London: Yale university press.

Shi, Y. (2008) Chinese immigrant women workers: everyday forms of resistance and "coagulate politics". *Communication and Critical/Cultural Studies* 5(4): 363 - 382.

Shorthose, J. (2004) A more critical view of the creative industries: production, consumption and resistance. *Capital and Class* 84: 1 - 9.

Smith, C. and Pun, N. (2006) The dormitory labour regime in China as a site for control and resistance. *The International Journal of Human Resource Management* August 2006: 1456 - 1470.

Smythe, D. (1977) Communications: Blindspot of western Marxism. *Canadian Journal of Political and Social Theory* 1(3): 1-27.

So, A. (2003) The changing pattern of classes and class conflict in China. *Journal of Contemporary Asia* 33(3): 363-376.

Sosteric, M. (1996) Subjectivity and the labour process: a case study in the restaurant industry. *Work, Employment & Society* 10(2): 297-318.

Sparks, C. (1989) Experience, ideology and articulation: Stuart Hall and the development of culture. *Journal of Communication Inquiry* 13: 79-87.

Standing, G. (2011) *The precariat: the new dangerous class*. London: Bloomsbury.

Stangler, D. and Maxwell, K. (2012) DIY producer society. *Innovations: Technology, Governance, Globalization* 7(3): 3-10.

Storey, J., Salaman, G. and Platman, K. (2005) Living with enterprise in an enterprise economy: freelance and contract workers in the media. *Human Relations* 58(8): 1033-1054.

Sun, L. (2002) 90 niandai zhongqi yilai zhongguo shehui jiegou yanbian de xin qushi. *Dangdai Zhongguo Yanjiu* 78(3): 1-15.

Sun, W. (2012) Desperately seeking my wages: justice, media logic, and the politics of voice in urban China. *Media, Culture & Society* 34(7): 864-879.

Sundararajan, A. (2016) *The Sharing Economy: The End of Employment and the Rise of Crowd-Based capitalism*. Cambridge, MA: The MIT Press.

Sweezy, P. (1997) *Monopoly Capital*. New York: Monthly Review Press.

Taylor, S. (2012) The meanings and problems of contemporary creative work. *Vocations and Learning* 5: 41-57.

Terranova, T. (2000) Free Labour: producing culture for the digital economy.

Social Text 63. 18(2): 33 - 58.

Terranova, T. (2004) *Network culture: politics for the information age*. London: Pluto Press.

Thompson, C. (2015) *How a nation of tech copycats transformed into a hub for innovation*. [Online]. [Accessed 1st September 2017]. Available from: The Wired: https: //www.wired.com/2015/12/tech-innovation-in-china/.

Thompson, P. (1990) Crawling from the Wreckage: The Labour Process and the Politics of Production. In: Knights, D. and Willmott, H. ed. *Labour Process Theory*. London: Macmillan.

Thurman, N. (2008) Forums for Citizen Journalists? Adoption of User Generated Content Initiatives by Online News Media. *New Media & Society* 10(1): 139 - 157.

Ursell, G. (2000) Television production: issues of exploitation, commodification and subjectivity in UK television labour markets. *Media, Culture & Society* 22(6): 805 - 825.

Van Dijck, J. (2009) Users like you? Theorizing agency in user-generated content. *Media, culture & Society* 31(1): 41 - 58.

Walsh, D. (1998) Doing Ethnography. In: Seale, C. Ed. *Researching Society and Culture*. London: Sage.

Wang, H. (2003) *China's New Order: Society, Politics, and Economy in Transition*. Cambridge, Massachusetts, London: Harvard University Press.

Wang, H. (2006) Depoliticized politics, from east to west. *New Left Review* 41: 29 - 45.

Wang, J. (2008) *Brand New China*. London: Harvard University Press.

Wang, Q. E. (2000) *Inventing China through history: the May Forth approach to historiography*. Albany: State University of New York Press.

Wang, S. (2001) The changing role of government in China. In: Zhang, X. ed. *Whither China? Intellectual politics in contemporary China*. Durham, NC and London: Duke University Press.

Warr, P. (1987) *Work, Unemployment, and Mental Health*. Oxford: Clarendon Press.

Weber, M. (2002) *The Protestant Ethic and the Spirit of Capitalism*. New York: Penguin Classics.

Wegener, B. (1992) Concepts and measurement of prestige. *Annual Review of Sociology* 18: 253 - 280.

Wen, W. (2017) Making in China: Is maker culture changing China's creative landscape?. *International Journal of Cultural Studies* 20(4): 343 - 360.

Wittel, A. (2001) Toward a network sociality. *Theory, Culture & Society* 18(6): 51 - 76.

Wittel, A. (2004) Culture, labour and subjectivity: for a political economy from below. *Capital and Class* 28(3): 11 - 30.

Wittel, A. (2014) Digital labour: the internet as playground and factory. *Information, Communication and Society* 17(7): 906 - 907.

Wright, E. O. (1976) Class boundaries in advanced capitalist societies. *New Left Review* 98: 3 - 41.

Wright, E. O. (1985) *Classes*. London: Verso.

Wright, E. O. (1996) The continuing relevance of class analysis-comments. *Theory and Society* 25: 693 - 716.

Wright, E. O. (1997) *Class Counts: Comparative Studies in Class Analysis*. Cambridge: University of Cambridge Press.

Wright, E. O. (2002) The shadow of exploitation in Weber's class analysis.

American Sociological Review 67 December: 832 - 853.

Wright, E. O. (2006) Compass points: towards a socialist alternative. *New Left Review* 41: 93 - 124.

Wright, E. O. (2009) Understanding class. *New Left Review* 60: 101 - 116.

Wright, E. O. and Perrone, L. (1977) Marxist class categories and income inequality. *American Sociological Review* 42(1): 32 - 55.

Wright, T. (2010) *Accepting Authoritarianism: State-society relations in China's reform era*. Stanford, California: Stanford University Press.

Xia, B. (2014) Digital labour in the new media sweatshop. *Communication, Capitalism & Critique* 12(2): 668 - 693.

Xia, B. and Fuchs, C. (2017) The financialisation of digital capitalism in China. *Westminster Advanced Studies* Issue number 4.

Xia, B. (2018) Capital accumulation and work in China's internet content industry: Struggling in the bubble. *The Economic and Labor Relations Review* 29(4): 501 - 520.

Xia, B. (2019) Precarious labour in waiting: internships in the Chinese internet industries. *The Economic and Labor Relations Review* 30(3): 382 - 399.

Yan, Y. (2009) *The individualisation of Chinese society*. Oxford, New York: Berg.

Yang, L. (2005) Dark side of the Chinese moon. *New Left Review* 32: 132 - 140.

Yang, X., Sun, L. and Lee, R. (2016) Micro-innovation strategy: the case of WeChat. *Asian Case Research Journal* 20(2): 401 - 427.

Yanow, D., Ybema, S. and Hulst, M. V. (2012) Practising organizational ethnography. In: Symon, G. and Cassell, C. ed. *Qualitative organizational research: core methods and current challenges*. London: Sage.

Zhang, X. (2001) *Whither China? Intellectual politics in contemporary China*. Durham, NC and London: Duke University Press.

Zhang, X. (2008) *Postsocialism and cultural politics, China in the last decades of the twentieth century*. US: Duke University Press.

Zhang, W. (2000) Zhongguo shehui jieji jieceng yanjiu ershinian. *Shehuixue Yanjiu* 1: 24 - 39.

Zhang, Y. (2008) No forbidden zone in reading? Dushu and the Chinese intelligentsia. *New Left Review* 49: 5 - 26.

Zhao, Y. (2003) Transnational Capital, The Chinese State, and China's Communication Industries in a Fractured Society. *The Public* 4: 53 - 74.

Zhao, Y. (2007) After mobile phones, what? Re-embedding the social in China's "Digital Revolution". *International Journal of Communication* 1: 92 - 120.

Zhao, Y. (2011) The Challenge of China: Contribution to a transcultural political economy of communication for the Twenty-First century. In: Janet Wasko, G. M. and Helena, S. ed. *The Handbook of Political Economy of Communications*. Oxford: Wiley-Blackwell.

Zhou, X. (2008) Chinese middle class: reality or illusion. In: Christophe, J. and Van der veer, P. ed. *Patterns of Middle Class Consumption in India and China*. Los Angeles: Sage.

Žižek, S. (2008) *In Defense of Lost Causes*. London: Verso.

附录一

第一阶段访谈提纲(由英文版本翻译为中文版本)

1. 你的职位和基本工作内容?

2. 工作氛围如何?

3. 平时如何区分工作和生活之间的界限?

4. 之前的工作经历?换工作的动力?

5. 目前工作中与用户之间的联系和互动?

6. 目前工作中与其他部门之间的关系和互动?

7. 你的报酬大概是什么区间?基本构成是什么?

8. 如何看待公司里的外包人员和实习生?

9. 如何看待行业内的跳槽和创业现象?

10. 你的未来规划?

11. 你们的关键词过滤如何操作?还有没有其他因应政策的措施?

12. 如何处理作为社交网站的专业工作者和普通用户之间的身份?

13. 如何平衡“用户体验至上”和商业利益?

附录二

第二阶段访谈提纲(由英文版本翻译为中文版本)

1. 你的主要工作内容?

2. 你的学业和工作背景? 为什么选择来现在的公司?

3. 主要的工作情况如何? 比如工作时间、压力、加班和报酬等。

4. 同事之间的关系如何?

5. 工作中主动创作的动力是什么?

6. 创意来源是哪里? 如何运作?

7. 日常生活状态如何?

8. 公司规范有哪些?

9. 公司/上司对于你的创作/工作有什么干涉?

10. 影响你的工作内容的相关政策有哪些?

11. 公司如何应对/反应这些政策?

12. 你自己如何应对/反应这些政策?

13. 当你的创意/工作内容受到公司或者政策影响的时候,你如何反应?

附录三

第三阶段访谈提纲

1. 你的基本背景和工作内容？

2. 加入目前工作/公司的原因和动力？

3. 之前在互联网产业内的经历？尤其是大厂的经历。

4. 目前的工作强度和报酬？

5. 工作中的成就感来源？是否受到阻碍？具体描述一下。

6. 你身边同事的经历和流动性如何？说说你同事的故事吧。

7. 平时的兴趣爱好和生活状态？

8. 对于未来的规划？比如跳槽、创业、是否会离开互联网产业等。

以下内容为访谈后期增加：

9. 了解互联网产业内的培训班吗？有参加过吗？

10. 听说或是参加过培训班的具体情况描述。

11. 有过融资或是创业经历吗？具体描述一下。

附录四

自我观察法的内容记录提纲（由英文版本翻译为中文版本）

1. 主要工作内容。
2. 主要工作状态，比如工作时间、工作强度、加班状况等。
3. 和同事之间的沟通与联系，包括上班时间和下班以后。
4. 上班时间的工作氛围。
5. 你的创意性工作内容。
6. 工作之后的休闲内容。
7. 与不同工作内容/职务/职级的同事之间的互动。
8. 公司对于你的创意/工作内容的干涉。

附录五

第二阶段访谈信息告知书（由英文版本翻译为中文版本）

尊敬的项目参与者，您好，

您被邀请参加一个学术研究项目。在您决定是否参加之前，请务必了解这项研究的目的与内容。请仔细阅读以下信息，并欢迎与其他人讨论并做出决定。如有任何不清楚的地方，或是需要了解更多信息，请随时询问我。感谢您阅读以下信息。

这个研究项目旨在通过对互联网产业从业者的微观动态讨论，来探索当代中国的宏观社会变化。该项目将持续三年，主要召集对此研究项目感兴趣，愿意聊聊他们的工作生活经历的从业者。本项目预计将召集 50 多名互联网公司的从业者参与其中。所有参与者将只参与访谈环节。在这个过程中，参与者将被要求回答一些与他们的工作生活经历相关的开放式问题。虽然参与本项目的人员不会立即受益，但本项目希望此类工作能为中国互联网产业的从业者研究做出贡献。

您有权决定是否参加该项目。如果您决定参加，请您保存这张信息告知书，并在同意书上签字。您仍然可以在任何时间以任何方式退出此项目，且无需给出任何理由。

我将严格保密在研究过程中收集的所有关于您的信息。例如，我将在研究相关的所有报告中将您完全匿名，以保证您将无法在任何报告或出版物中被识别出来。您的访谈音频转录文字稿将仅用于在学术会议和讲座中进行分析和说明。未经您的书面许可，我将不得将它们用于学术研究之外的其他用途。同时，本项目研究者以外的任何人都将不被允许访问原始录音。

研究项目的结果可能会在 2013 年底以博士论文的形式发表，届时您将收到一份与您访谈内容相关的最终结果的复印件。在这项研究的任何相关结果中，您都将完全匿名，不会被透露身份信息。

如果您有任何疑问，请联系：

夏冰青

邮件地址：csbx@leeds.ac.uk

附录六

研究参与同意书(由英文版本翻译为中文版本)

如果您同意以下内容,请在右边框中打勾

1. 本人确认已阅读并理解说明上述研究项目的信息表,并有机会就该项目提出疑惑。 ☐

2. 我明白我是自愿参与此项目,我可以不需要给出任何理由就可以在任何时间退出此项目,且不会有任何负面后果。此外,如果我不想回答任何一项或多项问题,我有权利拒绝回答。 ☐

3. 我了解我的回答将被严格保密。我允许研究团队成员访问我已匿名的回答内容。我了解,我的名字将不会与任何研究材料相联系,同时,我也不会在任何研究报告中被指认出来。 ☐

4. 我同意从我这里收集的数据将被用于未来相关的学术研究。 ☐

5. 我同意参加上述研究项目。 ☐

______________	______________	______________
参与者姓名	日期	签名
______________	______________	______________
同意者姓名	日期	签名
______________	______________	______________
主要研究者姓名	日期	签名

附录七

2011 年利兹大学艺术、表演、视觉艺术与传播学院研究伦理道德委员会伦理审查通过证明

Research Support
3 Cavendish Road
University of Leeds
Leeds LS2 9JT

Tel: 0113 343 4873
E-mail: i.m.blaikie@adm.leeds.ac.uk

Bingqing Xia
Communication Studies
University of Leeds
Leeds, LS2 9JT

PVAR Faculty Research Ethics Committee
University of Leeds

11th August 2011

Dear Bingqing

Title of study: **Labour in the Chinese internet industries**
Ethics reference: **PVAR 10-057**

I am pleased to inform you that the above research application has been reviewed by the Arts and PVAC (PVAR) Faculty Research Ethics Committee and following receipt of the amendments requested, I can confirm a favourable ethical opinion as of the date of this letter. The following documentation was considered:

Document	Version	Date
PVAR 10-057 researcher's response 2.txt (email)	1	10/08/11
PVAR 10-057 Revised Ethical_Review_Form.docx	1	24/07/11
PVAR 10-057 Appendix 4 Check List of Self-observation.docx	1	24/07/11
PVAR 10-057 ICSHouldsworth20110518122750.pdf	1	18/05/11
PVAR 10-057 Appendix 1 Information Sheet.docx	2	24/07/11
PVAR 10-057 Appendix 2 Participant_Consent_Form.doc	2	24/07/11
PVAR 10-057 Appendix 3 Interview Guide.docx	2	24/07/11

Please notify the committee if you intend to make any amendments to the original research as submitted at date of this approval. This includes recruitment methodology and all changes must be ethically approved prior to implementation.

Please note: You are expected to keep a record of all your approved documentation, as well as documents such as sample consent forms, and other documents relating to the study. This should be kept in your study file, which should be readily available for audit purposes. You will be given a two-week notice period if your project is to be audited.

Yours sincerely

Jennifer Blaikie

Research Ethics Administrator

Research Support

On Behalf of Professor Chris Megone,

Chair, PVAR FREC

后　记

感谢翻阅到此页的每一位读者，谢谢你们坚持读完了这本充斥着各类学术用词而略显枯燥的书籍（即便你只是抱着一颗看作者吐槽的心，习惯性地翻到最后一页）。作为一个徘徊在学术大门边缘的新人，于我而言，写书一直都不在我近十年的计划行列之中。只是迫于一些现实压力，我才大着胆子将一些未经使用的田野素材堆砌成了一本书的样子。吕新雨教授对此的慰藉之语对我倒是颇有宽解之意：权将此书当作是对自己多年田野调查的反思与总结。诚如吕老师在序言中所述，此书的理论视角还需进一步努力升华，我也只期盼，阅读此书的读者们能因为在某些语句片段中找寻到一代人的青春记忆而会心一笑。

对于我这类尚且徘徊在学术大门边缘就摆出一副佛系研究态度的人来说，人生著书的机会并不多。所以我只能在这里抓紧机会感谢那些支持我走上学术道路的人（恐怕是要让想看作者吐槽的读者失望了）。首先要感谢的自然是引领我触及学术大门的各位导师：澳门大学传播系的刘世鼎教授、英国利兹大学媒体与传播学院的大卫·赫斯蒙德夫教授，以及谢菲尔德大学社会学系的海伦·肯尼迪教授。谢谢这些老师不厌其烦地引导我养成学术阅读的习惯，耐心地教导我如何理解和申请各类学术出版与研究基金，逐字逐句地批阅我每一次都错误百出的文章（即便是毕业多年以后，这些老师还是会在我申请各类学术基金和特刊计划的时候，通过网络视频和亲笔批阅的方式耐心地指导我的每一步写作，并积极地分享他们成熟的学术经验）。尤其是今时今日，当我自己为人师批阅学生文章的时候，时常会佩服和感念这些老师对我的包容、耐心和支持。但我对于他们的回馈极为有限，除了将他们培养学生时的耐心和负责传承下去之外，也就只剩下认真对待每一篇出版文稿，争取不给这些老师们丢脸。

这本书之所以能和大家见面，在很大程度上来自吕新雨教授对我的“鞭策”。从每日写作计划到联系出版社，再到寻找出版基金等，吕老师一直对我多有帮助与激励。作为中文出版的学术新手，我必须在这里郑重地感谢吕老师对我的引领与督促之情。同时，我也感谢上海师范大学的石力月老师、华东师范大学的路鹏程老师、《中国青年报》的张彦武老师为此书的出版多方引荐、奔走与联系，以及上海社会科学院出版社的应韶荃老师耐心负责的引导、建议和校正，最终促成了这本书的出版。

这本书的成形，甚至包括我的硕士论文和博士论文的完成，离不开我在田野调查过程中遇到的每一位参与者。这些人中的大部分虽已消失在我日渐忙碌的社交圈之中，但是我还是希望借此书感谢他们在人生的某一段时间里与我相遇，并且给予我善意和帮助。谢谢他们的坦诚与分享，让更多人了解与理解互联网产业。我希望某一天，他们能在书店的某个角落读到这本书，从中找到他们过去的影子与回忆（虽然这意味着我的匿名保护措施做得并不彻底）。受限于有限的经费，这本书在出版过程中还得到过许多人的无偿帮助，比如孙浩峰同学为此书做的初稿校对，高剑先生为此书重新绘制和编排的所有表格和图片。同时，谢谢华东师范大学出版社 24 小时阅读空间充当我的写作空间，老板娘张海岚博士在写作本书期间经常提供无偿糕点以慰写作之饥荒。谢谢他们为此书提供的无偿帮助。

这本书涉及的三段田野调查过程除了得到各位参与者的帮助以外，还得到了我在这些年期间的所有好友的帮助。谢谢澳门科技大学的李周娟（Lee Jooyeon）老师和英国诺丁汉大学的丹尼尔·穆提布瓦（Daniel Mutibwa）老师愿意数十年如一日地忍受我每到焦虑期的“火锅派对”，以及李周娟博士的儿子李到炫（Lee Dohyun）和李到暻（Lee Dokyeong）小朋友在我沮丧低落时期带给我的欢乐；谢谢北京师范大学香港浸会大学联合国际学院的欧文杰（Jesse Hearns-Branaman）老师在我就读博士期间组织各类学术派对，帮我丰富社交圈，让我不至陷于自怨自艾；谢谢山东大学的肖笛老师在求学期间的每一次远足陪伴，使我克服无数次的写作低潮；谢谢李文斐女士、任琳女士和严颖女士从我穷学生时期就时常慷慨解囊，让我满足口腹之欲，得以实现精神追求；谢谢我在澳门科技大学的所有老同事（包括但不限于柳旭东老师、孙瑱老师、章戈浩老师）的插科打诨，帮我渡过初入职场的疲于奔命；也谢谢常雪女士、葛帅先生、李巧云女士、余家杰先生令我在疲于奔命的澳门任教时期总是得到家人般的关怀与温暖；还要谢谢我今后重要的学术搭档以及“不学无术”同盟，浙江大学的吴桐雨老师在写作本书期间的鼓励与包容，愿我们今后继续赤诚地投入广袤的“田野”当中。

最后但是最郑重其事的，我要谢谢我的母亲郑玉飞女士和父亲夏国平先生（此处应郑女士的要求，根据教养投入程度，将母亲放在父亲前面）。谢谢他们总是用一种“这孩子怕是傻了，太惨了”的态度包容我从小到大惊世骇俗的言论与行为，以及对我坚持走学术道路的无限度经济与精神支持。

2021 年 8 月 15 日于舟山

图书在版编目(CIP)数据

依码为梦 ：中国互联网从业者生产实践调查 / 夏冰青著 .— 上海 ：上海社会科学院出版社，2021
ISBN 978-7-5520-3688-6

Ⅰ.①依… Ⅱ.①夏… Ⅲ.①互联网络—从业人员—调查研究—中国 Ⅳ.①F492

中国版本图书馆 CIP 数据核字(2021)第 195691 号

依码为梦：中国互联网从业者生产实践调查

著　　者：夏冰青
责任编辑：应韶荃
封面设计：璞茜设计·天下书装
出版发行：上海社会科学院出版社
上海顺昌路 622 号　邮编 200025
电话总机 021-63315947　销售热线 021-53063735
http://www.sassp.cn　E-mail:sassp@sassp.cn
排　　版：南京展望文化发展有限公司
印　　刷：上海天地海设计印刷有限公司
开　　本：890 毫米×1240 毫米　1/32
印　　张：8
字　　数：165 千
版　　次：2021 年 10 月第 1 版　2021 年 10 月第 1 次印刷

ISBN 978-7-5520-3688-6/F·687　定价：49.00 元